Maria Hagsbacher-Lüpken

Übersetzungen Deutsch – Englisch 8. Schuljahr

MANZ VERLAG

3. Auflage 2004
Manz Verlag

Muttersprachliche Beratung: Mary Ratcliffe
Lektorat: Harald Kotlarz, Rottenburg
Herstellung: Karin Schmid, Baldham
Umschlaggestaltung: Werkstatt München: Weiss/Zembsch, München
Layout: Karin Schmid, Baldham
Satz: Karin Schmid, Baldham
Druck: Gutmann + Co GmbH, Talheim
Printed in Germany

ISBN 3-7863-2013-6

Inhaltsverzeichnis

Vorwort

Dieses Übersetzungsbuch wendet sich an Schülerinnen und Schüler der 8. Klasse Gymnasium.

Die ersten 14 Übungseinheiten greifen alle Strukturen auf, die im 4. Lernjahr Englisch eingeführt werden. Hierbei findet insbesondere der bayerische Lehrplan Berücksichtigung. Die letzen drei Kapitel bieten Wiederholungen von wichtigen Strukturen der vergangenen Lernjahre.

Beispielsätze zeigen zunächst auf, worin sich der deutsche und der englische Sprachgebrauch unterscheiden. Knappe Merksätze machen dann das Problem bewusst und weisen auf Fehlerquellen hin.

Dann kannst du zu Papier und Stift greifen und das Gelernte in den Übungen anwenden. Die kursiv (schräg) gedruckten Einleitungssätze dienen dazu, dir den inhaltlichen Zusammenhang deutlich zu machen, du musst sie also nicht übersetzen.

In den Texten finden sich auch Wörter in eckigen Klammern, die du nicht übersetzen musst, da sie meist im Englischen keine Entsprechungen haben (wie zum Beispiel deutsche Füllwörter wie *mal, eben, gerade*).

Beim Übersetzen solltest du beachten, dass du nicht mechanisch Wort für Wort übersetzt, sondern Sprecheinheiten und feste Wendungen als solche erkennst. Gleiche Inhalte werden im Deutschen und Englischen oft unterschiedlich ausgedrückt, zum Beispiel: Peter macht nie Hausaufgaben.– *Peter never does his homework.* Wie du an diesem Beispiel siehst, weicht die englische von der deutschen Satzstellung ab. Darauf solltest du stets achten.

In der zweiten Hälfte des Buches findest du im Lösungsteil Musterlösungen. In der rechten Spalte stehen alternative Lösungen oder Erläuterungen zu Fehlerquellen und Besonderheiten.

Solltest du Wörter nicht oder nicht mehr wissen, kannst du im deutsch-englischen Vokabelverzeichnis am Ende des Buches nachschlagen.

Und nun wünschen dir die Autorin und der Verlag viel Spaß und viel Ausdauer beim Üben!

1 Orts- und Zeitangaben und Hilfsverben in der indirekten Rede

Wie du bereits weißt, verwenden wir die indirekte Rede, wenn wir wiedergeben wollen, was jemand sagt oder gesagt hat. Dabei erfolgt im Englischen eine Rückverschiebung der Zeitformen im Nebensatz (= *backshift of tenses*), wenn das Verb des Hauptsatzes in einer Zeit der Vergangenheit steht *(past tense, past perfect)*. Außer den Pronomen werden auch Orts- und Zeitangaben verschoben.

1. Susan *erzählte* mir, dass sie **vor zwei Monaten** einen Hund **bekommen habe**.	Susan *told* me that she **had got** a dog **two months before**.
2. Sie *wollte* wissen, wann ich **hierher gezogen sei**.	She *wanted* to know when I **had moved there**.

➲ Orts- und Zeitangaben werden in der Regel so verschoben:

here	→	there
now	→	then / at once
this week	→	that week
these days	→	those days
yesterday	→	the day before
tomorrow	→	the next / following day
tonight	→	that night
last year	→	the year before
last week	→	the week before
a year ago	→	a year before
next year	→	the next / following year

3. Tina *dachte*, dass sie ihrer Mutter nichts von ihren Problemen erzählen **konnte**.	Tina *thought* that she **could not** tell her mother anything about her problems.
4. Sie *hatte* Angst, dass ihre Mutter **vielleicht** nicht alles verstehen **könnte**.	She *was* afraid that her mother **might not** understand everything.

- Wenn das einleitende Verb in einer Zeitform der Vergangenheit steht, werden auch einige Hilfsverben verschoben: *shall* → *should, may* → *might, can* → *could.*
- *Should*, *might*, *could* und *ought to* bleiben unverändert.
- Auch *need* und *must* werden nicht verändert. Stattdessen stehen ihre Ersatzformen *have to* bzw. *should.*
- Zur Erinnerung: Wenn das redeeinleitende Verb im *present, future* oder *present perfect* steht, ändern sich die Zeiten nicht. Die Rückverschiebung tritt meist auch nicht ein, wenn es sich um Naturgesetze oder allgemein anerkannte Tatsachen handelt.

Lösung ⮕ 55

Übungen:

Gib wieder, was Gwen dir erzählt hat (einleitendes Verb in der Vergangenheit).

1. Mein Name ist Gwen Thomas und ich komme aus einem kleinen Dorf in Wales.
2. Meine Eltern haben Walisisch vor über dreißig Jahren gelernt, als sie Kinder waren, aber ich lerne es erst seit zwei Jahren in der Schule.
3. Mein Vater ist schon über ein Jahr arbeitslos.
4. Er hat in einem Kohlebergwerk gearbeitet, das vor einem Jahr geschlossen wurde.
5. Vor kurzem ist ein Elektronikzentrum eröffnet worden.
6. Vielleicht bekommt er da nächstes Jahr Arbeit.
7. Er hat sich auch schon überlegt, ob er ein eigenes Geschäft aufmachen soll.
8. Diese Woche wird er mit dem Bankdirektor über einen Kredit sprechen.

2.

Gib an Fionas Stelle wieder, was die Reporter sie gefragt haben (redeeinleitendes Verb in der Vergangenheit).

1. Ist das das erste Mal, dass du einen Musikpreis gewonnen hast?
2. Wann hast du angefangen, Harfe zu spielen?
3. Sind alle Waliser so interessiert an Musik wie du?
4. Wo wirst du als nächstes spielen?
5. Musst du jeden Tag fest üben?
6. Bist du der Meinung, dass jeder ein Musikinstrument lernen sollte?

3.

Frau Miller erzählt ihrem Mann, was ihr Sohn Peter ihr am Telefon erzählt hat.

1. Er sagte, es gefalle ihm hier in den Vereinigen Staaten und dass die Familie seines Brieffreundes John sehr nett sei.
2. Er erzählte, dass John ihm gestern Fotos seiner Vorfahren gezeigt habe.
3. Sein Großvater sei Jude gewesen und sei aus politischen und religiösen Gründen verfolgt worden.
4. Seine Großmutter hätte unter der Armut in Irland gelitten.
5. Das Leben müsse für sie wohl sehr schwer gewesen sein.
6. Dann erklärte er [noch], dass Johns Mutter ihm morgen eine amerikanische Spezialität kochen wollte: Kürbisauflauf.

Der bestimmte Artikel

2

Im Englischen stehen Nomen zum Teil ohne, zum Teil mit dem bestimmten Artikel.

1. **Das Leben** ist nicht immer leicht.	**Life** isn't always easy.
2. **Das Leben einer Politikerin** kann sehr anstrengend sein.	**The life of a politician** can be very exhausting.
3. **Kinder** brauchen **Liebe** und **Zuwendung**.	**Children** need **love** and **care**.
4. **Die Liebe, die ich für die Frauen meiner Familie empfinde,** ist etwas Besonderes.	**The love I feel for the women of my family** is something special.
5. Ich mag **den Sommer** am liebsten, weil ich dann auf dem Balkon **frühstücken** kann.	I like **summer** best, because I can **have breakfast** on the balcony then.
6. **Der erste Mittwoch unserer Ferien** war verregnet.	**The first Wednesday of our holidays** was a rainy day.

➲ **Ohne** bestimmten Artikel stehen
- abstrakte Nomen wie *life, love, peace* usw.,
- Stoffnamen wie *water, milk, sand* usw.,
- zählbare Nomen im Plural wie *people, children, animals* usw.,
- Jahreszeiten, Monate, Wochentage und Mahlzeiten, wenn sie **allgemein** gebraucht werden (Beispiele 1, 3 und 5).

➲ **Mit** bestimmtem Artikel werden diese Nomen gebraucht, wenn sie **näher bestimmt** sind, zum Beispiel durch eine *of-phrase* (2, 4, 6) oder einen Relativsatz (4).

7. **Die kleine Mary** verlief sich **im Central Park**.	**Little Mary** got lost **in Central Park.**
8. Wo treffen wir **die Millers**? Vor **dem Empire State Building** oder auf **der Fifth Avenue**?	Where do we meet **the Millers**? In front of **the Empire State Building** or on **Fifth Avenue**?

➲ **Ohne** bestimmten Artikel stehen
- Personennamen, auch wenn sie von einem Adjektiv begleitet werden (7),
- Ländernamen im Singular und die meisten Namen von Städten, Straßen (7), Parks (8) und Plätzen, einzelne Seen und Berge (z. B. *Lake Ontario, Ben Nevis*).

➲ **Mit** bestimmtem Artikel stehen Familiennamen und Ländernamen im Plural (*the Millers; the United States*) und einige geographische Bezeichnungen wie Gebirgsketten, Flüsse und Seen (z. B. *the Rocky Mountains, the Mississippi, the Great Lakes*).

➲ Vorsicht: Manche Gebäudenamen stehen mit *Artikel (the Empire State Building*) andere ohne (*Lincoln Center*).

9. Tina geht jeden Sonntag **in die Kirche.**	Tina goes **to church** every Sunday.
10. Entschuldigen Sie, können Sie mir den Weg **zur Kirche** sagen?	Excuse me, can you tell me the way **to the church**?

➲ **Ohne** bestimmten Artikel werden Gebäudenamen (z. B. *school, prison, university, hospital*) gebraucht, wenn an den Verwendungszweck des Gebäudes gedacht wird (9).

➲ **Mit** bestimmtem Artikel werden diese Gebäudenamen verwendet, wenn nur an den Ort oder an das Bauwerk, aber nicht an seinen Zweck gedacht wird (10).

11. Sue zieht **Bahnreisen Flugreisen** vor.	Sue prefers travelling **by train** to travelling **by plane**.
12. **Der Zug, den sie heute genommen hat**, hatte leider große Verspätung.	Unfortunately, **the train which she took today** was very late.

➲ **Ohne** bestimmten Artikel stehen Verkehrsmittel, wenn man Verkehrsverbindungen meint (11).

➲ **Mit** bestimmtem Artikel stehen Verkehrsmittel, wenn man an ein bestimmtes Fahrzeug denkt (12).

Lösung ➲57

Übungen:

Paul erzählt Freunden von seinem Besuch in New York.

1. Wisst ihr, das Leben in New York ist sehr aufregend für die Touristen.
2. Es gibt so viel zu sehen.
3. Natürlich habe ich die Freiheitsstatue und die Brooklyn Brücke besichtigt und habe mir eine ausgezeichnete Show am Times Square angeschaut.
4. Doch auf der anderen Seite / andererseits war ich schockiert von dem Lärm und der Verschmutzung auf den Straßen dieser Stadt.

Ein Dialog auf der Straße.

1. Entschuldigen Sie, können Sie mir den Weg zum Krankenhaus sagen?
2. Tut mir Leid, aber ich kann Ihnen nicht helfen.
3. Ich habe Glück, ich war [noch] nie im Krankenhaus.
4. Aber sehen Sie, hier kommt der alte Herr Black.
5. Er war erst letzte Woche wegen seines schlimmen Beines im Krankenhaus.
6. Ihn können Sie fragen.

Fragen an die Eltern.

1. Ist der Mount Everest wirklich der höchste Berg der Welt, Papa?
2. Gehört der Michigansee zu den Vereinigten Staaten oder zu Kanada?
3. Die Wasserverschmutzung ist tatsächlich ein großes Problem. Wie steht es mit dem Wasser in unserer Stadt?
4. Warum haben wir [eigentlich] zwei Autos? Kannst du nicht mit dem Bus in die Arbeit fahren, Mama? Du könntest einen aktiven Beitrag zur Verringerung der Luftverschmutzung leisten.
5. Die meisten meiner Freundinnen fahren im Winter mit ihren Eltern in die Alpen. Warum fahren wir nie dorthin?
6. Was gibt's am Sonntag zum Mittagessen? – Du weißt [doch], dass es am letzten Sonntag im Monat immer Fisch und Pommes frites gibt.
7. War der Winter, den wir letztes Jahr hatten, wirklich einer der kältesten dieses Jahrhunderts?
8. Habt ihr beide die Schule gemocht? Ich hasse sie.
9. Wohnt Oma in der Gartenstraße oder in der Blumenstraße? Ich bringe die beiden immer durcheinander.

Der unbestimmte Artikel 3

Der unbestimmte Artikel wird im Deutschen und Englischen sehr unterschiedlich verwendet.

1. Mein Brieffreund ist **Engländer**.	My penfriend is **an Englishman**.
2. Schon **als Junge** wollte er **Arzt** werden.	Even **as a boy**, he wanted to become **a doctor**.
3. Er hatte nichts dagegen, Tausende von Pfund **im Jahr** zu verdienen.	He didn't mind earning thousands of pounds **a year**.

➲ Im Englischen muss der unbestimmte Artikel *a / an* stehen
- vor Nationalitätsbezeichnungen (1),
- vor Berufsangaben (2),
- nach *as* in der Bedeutung von „als“ (3),
- vor Zeit-, Maß- und Mengenangaben in der Bedeutung „pro“ (3).

Übungen:

Lösung ➲ 59

Berufsträume – früher und heute

1. Was wolltest du als Kind werden, Tina?
2. Oh, ich wollte immer Pilotin werden.
3. Doch als Erwachsene habe ich gemerkt, dass ich als Frau keine Chance in diesem Beruf hatte.
4. Dazu kam, dass ich nicht viermal in der Woche in einem anderen Bett schlafen wollte.
5. Natürlich hätte ich über 8000 Dollar im Monat verdient, aber Geld ist doch nicht alles, oder?
6. Da pflichte ich dir bei.
7. Mein Großvater zum Beispiel war Jude, russischer Jude, um genau zu sein.

8. Er war Juwelier und sein Schmuck kostete hunderte von Dollar das Stück, aber er zog es vor, als armer Mann nach Amerika auszuwandern, als wegen seiner Religion verfolgt zu werden.
9. Jetzt ist er Amerikaner, aber Protestant wollte er nie werden.

2.

Schreibe deiner Brieffreundin / deinem Brieffreund,

1. dass deine Großmutter Irin ist und dass du Katholikin bist.
2. dass du 5 Mark Taschengeld in der Woche bekommst.
3. dass du Computerfachmann werden willst.
4. dass du täglich drei Stunden lernst.
5. dass euer Auto eine Höchstgeschwindigkeit von 200 Stundenkilometern erreicht.

4 Bedingungssätze (Typ II)

Mit einem Bedingungssatz können Bedingungen oder Annahmen ausgedrückt werden, die sich auf die Gegenwart, die Zukunft oder die Vergangenheit beziehen.

Tina träumt:

1. Wenn meine Großeltern mir zum Geburtstag 100 DM (50 Euro) **geben würden (= gäben), könnte** ich meine Freunde in die Eisdiele **einladen.**	If my grandparents **gave** me one hundred marks (50 euro) for my birthday, I **could invite** my friends into the ice cream parlour.
2. Aber wenn meine Eltern nächstes Wochenende **ausgehen würden (= ausgingen), würde** ich bei mir zu Hause eine Geburtstagsparty **geben.**	But if my parents **went out** next weekend, I **would have** a birthday party at my house.

- Diese Beispielsätze gehören zu den irrealen Bedingungssätzen, das heißt, dass die Bedingungen, die sich auf die Gegenwart oder Zukunft beziehen, höchstwahrscheinlich nicht erfüllt werden.
- Im if-Satz (= Nebensatz) steht *simple past,* im Hauptsatz (= *main clause*) stehen *would*, *could* oder *might* + Infinitiv.

3. Wenn mein Papa **reich wäre,** **könnte** ich alle zu McDonald's **einladen.**	If my dad was **rich,** I **could invite** everybody to McDonald's.

- Für die 1. oder 3. Person Singular von *be* wird *were* verwendet, das in der Umgangssprache auch durch *was* ersetzt wird.
- Bei Ratschlägen der 1. Person steht jedoch immer *were*: *If I were you, I would buy that car.*
- Kein *would* im if-Satz!

Lösung ➲ 60

Übungen:

Ratschläge für den armen Paul.

1. Wenn er härter arbeiten würde, bekäme Paul bessere Noten.
2. Wenn er bessere Noten bekommen würde, würde ihm die Schule mehr Spaß machen.
3. Wenn ihm die Schule mehr Spaß machen würde, wäre er weniger unglücklich.
4. Wenn er weniger unglücklich wäre, würde er mehr mit sich selbst zufrieden sein.
5. Wenn er mehr mit sich selbst zufrieden wäre, würde es ihm gelingen, auch anderen zu gefallen.

Was würdest du tun, ...?

1. ... wenn du viel Geld gewinnen würdest?
2. Ich würde das Geld für meinen Führerschein sparen und mir ein supertolles Auto kaufen.
3. ... wenn dein Brieffreund dich für vier Wochen nach Amerika einladen würde?
4. Ich würde meine Großeltern um Geld bitten oder vielleicht halbtags arbeiten, um dafür zu sorgen, dass ich genug Geld für den Flug hätte.
5. ... wenn Michael Jackson ein Konzert in deiner Heimatstadt gäbe und alle Karten ausverkauft wären?
6. Ich würde mich um einen Job als Sanitäter bewerben oder versuchen, über den Bühneneingang reinzukommen.

Hast du Kummer, frag Peggy Stummer.

1. Peggy, mein Traum ist endlich wahr geworden, ich habe eine Verabredung mit Paul.
2. Was soll ich anziehen?
3. Na ja, ich an deiner Stelle würde ein einfaches Kleid anziehen.
4. Du weißt [ja], dass Paul ein sehr vernünftiger Mensch ist, der alles Künstliche ablehnt.
5. Und das Kleid sollte deine Knie bedecken.
6. Peggy, meinst du wirklich, dass ihm mein blaues Kleid gefällt?
7. Ich an seiner Stelle wäre begeistert.
8. Und du weißt, dass ich niemals lüge.

Bedingungssätze (Typ III)

Wenn wir Bedingungen oder Annahmen ausdrücken wollen, die sich auf die Vergangenheit beziehen, verwenden wir Bedingungssätze des Typs III (= irreal).

Tinas Eltern:

1. Wenn Tina uns **gebeten hätte**, auszugehen, **hätten** wir das **getan**.	If Tina **had asked** us to go out, we **would have done** so.

Tinas Großeltern:

2. Wenn wir **gewusst hätten,** dass Tina Geld will, **hätten** wir ihr vielleicht welches **gegeben.**	If we **had known** that Tina wanted money, we **might have given** her some.

➲ Bei den Bedingungssätzen des Typs III steht im if-Satz das *past perfect*: *had + past participle*. Im Hauptsatz steht das *conditional perfect (= conditional II)*: *would / could / might + have + past participle*.

3. Wenn Tina mehr **gespart hätte, hätte** sie jetzt genug Geld, um ihre Freunde einzuladen.	If Tina **had saved** more, she **would have** enough money to invite her friends.

➲ Wenn wir ausdrücken, was in der Gegenwart (oder der Zukunft) der Fall wäre, wenn die Bedingung im if-Satz erfüllt worden wäre, verwenden wir im Hauptsatz *would* + Infinitiv.

Lösung 61

Übungen:

Zwei Schwestern streiten sich:

1. Wenn du mich früher geweckt hättest, hätte ich meinen Bus nicht verpasst.
2. Du wusstest, dass mein Wecker kaputt war.
3. Wenn du deinen Koffer früher gepackt hättest, wärst du pünktlich fertig gewesen.
4. Und das ist die reine Wahrheit.
5. Unsinn!
6. Wenn du mich nicht so sehr um diese Reise beneidet hättest, hättest du mir mehr geholfen.
7. Du machst mich noch verrückt!
8. Immer beklagst du dich über alles.
9. Ich kann das nicht länger ertragen.
10. Vielleicht können dir die Nachbarn helfen.
11. Wenn du sie höflich bittest, nehmen sie dich vielleicht im Auto mit.

Historische Tatsachen:

1. Wenn Kolumbus nicht auf der Suche nach dem Seeweg nach Indien gewesen wäre, hätte er Amerika nicht entdeckt.
2. Wenn in England nicht Menschen wegen ihres Glaubens verfolgt worden wären, wären sie nicht als Siedler nach Amerika ausgewandert.
3. Wenn die erste Siedlung der Wikinger in Nordamerika dauerhaft gewesen wäre, wäre die amerikanische Geschichte vielleicht anders verlaufen.
4. Wenn die Armada des spanischen Königs die Engländer besiegt hätte, wäre das Land heute vielleicht katholisch.

Das Gerund nach bestimmten Ausdrücken 6

Wie du bereits weißt, kann das englische Gerund (*-ing*-Form) Subjekt oder Objekt eines Satzes sein. Außerdem steht es nach bestimmten Verben und nach Präpositionen. Im Deutschen steht dafür oft ein Nebensatz mit Infinitiv oder ein substantivierter Infinitiv.

1. **Interessierst** du dich **fürs Fußballspielen**?	Are you **interested in playing football**?
2. Ja. Ich **spiele sehr gern Fußball**. Ich **denke** sogar **daran**, daraus eine Karriere **zu machen**. Es ist mir **gelungen**, Kontakt mit einem berühmten Verein **aufzunehmen**. Ich **freue** mich schon **auf das Treffen** mit dem Manager.	Yes, I am. I **enjoy playing football**. I'm even **considering making** a career of it. I have **succeeded in making** contact with a famous club. I'm already **looking forward to meeting** the manager.
3. Es tut mir Leid, dass ich dir deine Illusionen **nehmen muss**. Es gibt zu viele junge Männer, die **gut Fußball spielen können**. Die **Chance, genommen zu werden**, ist sehr gering.	I'm sorry to take away your illusions. There are too many young men who are **good at playing football**. The **chance of being accepted** is very small.

➲ Nach bestimmten **Verben** steht immer das Gerund: *admit* (= zugeben), *avoid, carry on* (= weitermachen), *consider, dislike* (= nicht mögen), *enjoy, finish, give up, imagine, keep, mention* (= erwähnen), *mind, miss, practise, risk, suggest*.

- Nach einer **Präposition** steht das Verb immer in der *ing*-Form: Die Präposition kann verbunden sein mit
  Adjektiven: z. B. *interested in, sorry for / about* (nur in der Vergangenheit), *good / bad at, afraid of, crazy about, excited about, surprised at, keen on, worried about, famous for, frightened of, proud of, wrong with.*
  Nomen: z. B. *chance of, choice of, danger of, hope of, reason for.*
  Verben: z. B. *(to) succeed in, (to) look forward to*: nach diesem *to* folgt kein Infinitiv, sondern die *ing*-Form.

- Auch nach folgenden **Ausdrücken** steht das Gerund:

What about / How about ...?	Wie wäre es, wenn ...?
It's no good / use	Es hat keinen Sinn / Zweck
It's worth	Es lohnt sich
There's no	Man kann nicht ...

Lösung 63

Übungen:

Zwei Jugendliche unterhalten sich.

1. Interessierst du dich für Politik?
2. Bis vor kurzem glaubte ich, dass es keinen Zweck hätte, sich über diese Dinge Gedanken zu machen.
3. Aber das Lesen von Berichten über Umweltprobleme brachte mich dazu, meine Meinung zu ändern.
4. Wir laufen Gefahr unseren Planeten zu zerstören.
5. Die Verschwendung von Energie muss beendet werden.
6. Du klingst schon wie ein Politiker!
7. Wie wäre es, wenn du einer Partei beitrittst?
8. Gute Idee.
9. Ich freue mich schon auf das Treffen mit unserem örtlichen Unterhausabgeordneten nächsten Montag in unserer Schule.

Eine Austauschschülerin schreibt ihren Eltern.

1. Meine lieben Eltern,
2. ich genieße es sehr, hier zu sein.
3. Am ersten Abend schlug meine Gastgeberfamilie vor, einen Spaziergang durch die Stadt zu machen.

4. Natürlich entschuldigte ich mich zuerst für das Zuspätkommen.
5. Direkt vor uns war ein Unfall auf der Autobahn passiert und die Polizei fragte unseren Busfahrer, ob er etwas dagegen hätte, ihnen zu erzählen, was er gesehen hatte.
6. Deshalb kamen wir zwei Stunden zu spät an.
7. Aber Linda, meine Austauschpartnerin, meinte, dass es sich lohne, die Stadt bei Nacht anzusehen.
8. Und sie hatte Recht.
9. Die Stadt ist berühmt dafür, wunderbare nächtliche Beleuchtungsshows anzubieten.

Das Gerund für adverbiale Nebensätze und mit eigenem Subjekt 7

Das englische Gerund hat noch zwei weitere Funktionen, die sich vom Deutschen stark unterscheiden. Es kann für adverbiale Nebensätze stehen und ein eigenes Subjekt haben.

1. **Als er** von Dianas Unfall **hörte,** wurde Peter blass.	**On hearing** about Diana's accident Peter turned pale.
2. Er wurde noch beunruhigter, **nachdem er** in der Zeitung die Einzelheiten **gelesen hatte.**	He became even more worried **after reading** the details in the newspaper.
3. Aber **anstatt sie anzurufen,** wartete er, bis das Telefon klingelte.	But **instead of phoning her,** he waited until the phone rang.
4. Er ärgerte sich über sich selbst, **weil er so hilflos war.**	He was angry at himself **for being so helpless.**

- Nach bestimmten Präpositionen *(on, after, before, instead of, by, for, without)* steht die *ing*-Form für einen adverbialen Nebensatz.
- Im Deutschen entspricht dieser Konstruktion meist ein Nebensatz oder zu + Infinitiv (3). Voraussetzung dafür ist, dass Haupt- und Nebensatz dasselbe Subjekt haben.

5.	Er hoffte, dass es Diana **nichts ausmachte**, **wenn er** sich wie ein Idiot **benahm.**	He hoped that Diana **didn't mind him (his) behaving** like an idiot.
6.	Sie **hatte sich darauf gefreut**, **dass sie** dieses Wochenende in den Bergen **verbringen würden.**	She **had been looking forward to them (their) spending** that weekend in the mountains.

- Das Pronomen steht meist in der Objektform (*me, you, him* etc.), in formellem Englisch kann aber auch die Possessivform stehen (*my, his, their* etc. oder s-Genitiv).
- Im Deutschen entspricht dieser Konstruktion meist ein Nebensatz mit „dass" oder „wenn".

Lösung ➲ 63

Übungen:

Verwende so viele Gerund-Konstruktionen wie möglich.

Tina geht aus.

1. Bevor sie zum Tanz ging, zog sich Tina sehr sorgfältig an.
2. Anstatt ihre alte Jeans anzuziehen, wählte sie ein rotes Kleid.
3. Sie hoffte, dass es ihrem Bruder nichts ausmachen würde, wenn sie sich seine schwarze Jacke auslieh.
4. Ohne sich von ihren Eltern zu verabschieden, verließ sie das Haus.
5. Sie konnte es nicht leiden, wenn sie sie fragten, wann sie zurück sein würde.
6. Aber dann ärgerte sie sich über sich selbst, weil sie so herzlos war.
7. Sie dadurch zu bestrafen, dass sie sie traurig machte, hatte schließlich keinen Zweck.

8. Als sie an das schwache Herz ihrer Mutter dachte und wie angespannt sie war, beschloss sie, zurückzugehen und in der Küche eine Nachricht zu hinterlassen.
9. Sie wollte sie nicht beunruhigen.

Sage deiner Schwester / deinem Bruder,

1. dass du es nicht ertragen kannst, wenn sie / er dich auf den Arm nimmt.
2. dass du dich darauf freust, ein eigenes Zimmer zu haben.
3. dass deine Freundin es nicht leiden kann, wenn ihre Schwester ihre CDs auf dem Boden herumliegen lässt.
4. dass du es hasst, wenn eure Eltern dich kritisieren, anstatt dir zuzuhören.
5. dass deine Lehrer dich dadurch bestrafen wollten, dass sie dir Zusatzaufgaben gaben.

8 *Das Gerund und der Infinitiv*

Nach bestimmten Verben können das Gerund oder der Infinitiv mit *to* stehen.

1. Peter **hat begonnen,** Bücher über Frankreich **zu lesen.**	Peter **has started reading / to read** books about France.
2. Er **sieht sich gern** französische Filme **an,** aber er **hasst es,** französische Vokabeln **zu lernen.**	He **loves watching / to watch** French films, but he **hates learning / to learn** French vocabulary.
3. Eines Tages **würde er gern** Paris **sehen.**	He **would like to see** Paris some day.
4. Auf seinem Nachhauseweg **blieb** er **stehen, um** eine französische Zeitschrift **zu kaufen.**	On his way home he **stopped (in order) to buy** a French magazine.
5. Er **hörte erst auf zu lesen,** als es **anfing zu regnen.**	He only **stopped reading** when it **started to rain / raining.**

➲ Nach den Verben *to begin, to start, to continue* und *to intend* stehen der Infinitiv mit *to* oder das Gerund **ohne** Bedeutungsunterschied (1).

➲ Bei *to like, to love, to hate, to prefer* steht meist das Gerund, wenn eine Vorliebe oder Abneigung ausgedrückt wird (2). Vergleiche: *I hate* ***disturbing*** *him* (es ist **mir** unangenehm) – *I hate* ***to disturb*** *him* (es ist **ihm** unangenehm). Werden diese Verben mit *would*, also im *conditional* verwendet, muss der Infinitiv mit *to* stehen (3).

➲ Einige Verben unterscheiden sich jedoch in der Bedeutung, wenn sie mit Gerund oder Infinitiv mit *to* verwendet werden (4 und 5).

infinitive	**gerund**
(to) stop to do sth. stehen bleiben, um etwas zu tun	*(to) stop doing sth.* aufhören etwas zu tun
(to) try to do sth. versuchen / sich bemühen, etwas zu tun, was schwierig ist (= ein bestimmtes Ziel zu erreichen)	*(to) try doing sth.* etwas ausprobieren, es mit etwas probieren (= Methode, mit der ein Ziel erreicht werden soll)
(to) mean to do sth. beabsichtigen, etwas zu tun	*(to) mean doing sth.* bedeuten
(to) remember to do sth. daran denken, etwas zu tun	*(to) remember doing sth.* sich daran erinnern, dass / wie man etwas getan hat
(to) forget to do sth. vergessen, etwas zu tun	*(to) forget doing sth.* vergessen, dass / wie man etwas getan hat
(to) regret to do sth. Leid tun, etwas zu tun	*(to) regret doing sth.* Leid tun, etwas getan zu haben
Gegenwarts- oder Zukunftsbezug	Vergangenheitsbezug

Übungen:

Lösung ➲ 65

Paul bleibt zu Hause, während seine Eltern verreisen. Seine Eltern geben ihm letzte Anweisungen.

1. Paul, es tut uns Leid, dich bei deinen Hausaufgaben zu stören, aber wir müssen dich noch an ein paar Dinge erinnern, bevor wir abfahren.
2. Denk bitte daran, den Hund zu füttern und vergiss nicht, die Blumen regelmäßig zu gießen.
3. Und noch etwas, mein Schatz.
4. Hör bitte auf, den Hund mit ins Bett zu nehmen.
5. Warum probierst du nicht stattdessen, ein paar Kuscheltiere zu umarmen?

6. Und natürlich würden wir es vorziehen, in ein sauberes Haus zurückzukehren.
7. Also hoffen wir, dass du nicht beabsichtigst, wieder alle deine Freunde einzuladen.
8. Warum drehst du dich andauernd auf deinem Stuhl?
9. Kannst du nicht anhalten, um uns ordentlich zuzuhören?

Schreibe deiner Brieffreundin / deinem Brieffreund,

1. dass dein Bruder begonnen hat, sich für mittelalterliche Geschichte zu begeistern. Er hat vor, als Historiker oder Archäologe Karriere zu machen.
2. dass deine Tante gern Bücher über die Regierungszeit der britischen Monarchen liest und dass sie irgendwann gern Prinz Charles treffen würde.
3. dass du nie vergessen wirst, wie du das erste Mal geflogen bist.
4. dass sie / er bitte versuchen soll, Karten für das Michael Jackson Konzert zu bekommen.
5. ob sie / er sich daran erinnert, dass sie / er Peter getroffen hat, als sie / er letztes Jahr hier war. Er trägt weiterhin Ohrringe, obwohl der Personalchef seiner Firma dagegen ist. Das bedeutet, eine Menge Leute zu verärgern.

Der Infinitiv mit „to“

Das Englische kennt viele Infinitivkonstruktionen, die wir im Deutschen nicht so verwenden.

1. Mary war **zu schüchtern,** um ihr Wissen beim Wettbewerb **zu zeigen.**	Mary was **too shy** **to show** her knowledge at the competition.
2. Sie beantwortete die Fragen nicht **schnell genug, als dass sie** einen Preis **gewinnen konnte.**	She didn't answer the questions **quickly enough** **to win** a prize.

➲ Die Konstruktion Adjektiv oder Adverb + *enough* + Infinitiv mit *to* (2) oder *too* + Adjektiv oder Adverb + Infinitiv mit *to* (1) dient zur Angabe einer Folge. Im Deutschen stehen Nebensätze mit „zu ... um“ (1) oder „als dass“ (2).

3. Obwohl Peter **der erste war, der antwortete,** gewann er auch nicht.	Although Peter was **the first to answer** he didn't win either.
4. **Der Einzige, der nicht traurig war,** war Tom.	**The only one not to be sad** was Tom.
5. Kevins Eltern waren nicht da, **sodass niemand da war, der ihn** danach heimbrachte.	Kevin's parents weren't there, **so there was nobody to take him** home afterwards.

➲ Nach *the first, the last, the next, the only* kann statt eines Relativsatzes der Infinitiv mit *to* stehen (3). Auf *the only* muss *one / ones* oder ein Nomen folgen (4).

➲ Nach *somebody, something, nobody* usw. und nach Nomen wie *person, people* kann der Infinitiv mit *to* anstelle eines Nebensatzes stehen (5).

6. Er **wollte, dass alle seine Freunde** davon **erfuhren.**	He **wanted all his friends to know** about it.
7. Doch sein Manager **riet ihm, nicht zu** ungeduldig **zu sein.**	But his manager **advised him not to be** too impatient.

- Diese Konstruktion verwendet man, wenn man einen Wunsch (6), eine Bitte, einen Befehl, einen Rat (7) etc. an jemanden richtet. Der Infinitiv mit *to* steht nach dem direkten Objekt *(his friends, him)*. Es ist nicht mit dem Subjekt des Satzes *(he, his manager)* identisch.
- Satzbau: *subject – verb – object – to + infinitive*
- Merke besonders: Nach *want* und *would like* darf nie ein Nebensatz mit *that* stehen (6).

8. Jetzt **wartet** Tom **darauf, dass ihn die Journalisten anrufen.**	Now Tom **is waiting for the journalists to phone** him.
9. Es ist **wichtig für ihn, dass er nicht** zu den Verlierern im Leben **gehört.**	It's **important for him not to be one of** the losers in life.

- *For* kann nach Substantiven, Adjektiven (9) oder Verben (8) stehen. Zu diesen Verben gehören *wait for* (= darauf warten, dass), *ask for* (= darum bitten, dass) und *arrange for* (= dafür sorgen, dass).
- Im Deutschen steht wieder ein Nebensatz mit *dass* oder ein Infinitiv mit *zu*.

Lösung 67

Übungen:

Verwende so viele Infinitivkonstruktionen wie möglich.

Brief aus dem Urlaub in Wales.

1. Nach meiner langen Reise war ich zu müde, um Pläne für die folgenden Tage zu machen.
2. Am nächsten Morgen wartete meine Brieffreundin schon ungeduldig darauf, dass ich aufwachte.
3. Sie hatte dafür gesorgt, dass ihr Vater uns nach Swansea mitnahm.
4. Glücklicherweise war das Wetter gut genug, dass wir in der Stadt herumlaufen konnten.
5. Der erste Mensch, der mich ansprach, war ein echter Waliser.
6. Er erwartete von mir, dass ich alles verstand, was er gesagt hatte.
7. Für Megan war es leicht, ihm zu erklären, dass ich kein Walisisch verstünde.
8. Aber sie ermunterte mich, ein paar Wörter zu lernen.
9. Also brachte sie mir bei, mich auf Walisisch zu verabschieden.
10. Aber es war zu schwer, als dass ich es mir hätte merken können.
11. Am allermeisten hat mir der Hafen mit den Fähren und Fischerbooten gefallen.
12. Es war interessant, den Fischern zuzuhören, auch wenn sie zu schnell gesprochen haben, als dass ich irgendetwas verstehen konnte.

Frau Tidy spricht mit ihren Kindern über ihre Aufgaben im Haushalt.

1. Peter, ich erwarte von dir, dass du deine schmutzige Fußballkleidung in den Keller hinunterträgst.
2. Du bist nicht der Einzige, der hier wohnt.
3. Tina, ich warne dich, dass du nicht wieder deinen Schulranzen auf der Treppe liegen lässt.
4. Du bist wirklich alt genug, um zu wissen, wie gefährlich das sein kann.
5. Und du, Sarah, von dir hätte ich gern, dass du diesen Haufen Spielsachen innerhalb der nächsten zehn Minuten in dein Zimmer bringst.
6. Es ist wirklich lästig für mich, euch immer wieder an dieselben Dinge erinnern zu müssen.
7. Ich habe die Nase voll von eurer Faulheit und ich warne euch, nicht zu weit zu gehen.

8. Es ist unmöglich für mich, so weiterzumachen.
9. Alles läuft schief.
10. Ich will nicht, dass ihr mich wie eine Putzfrau behandelt.

Wusstest du, dass ...

1. ... die „Pilger" die ersten waren, die sich in Nordamerika niederließen?
2. ... es schwierig für die Indianer war, die europäischen Seuchen zu überleben?
3. Ganze Stämme wurden vollständig ausgerottet.
4. ... die Indianer den Siedlern beibrachten, Mais anzupflanzen?
5. ... es den heutigen Führern in Plimoth Plantation nicht möglich ist, die Sprache der Wampanoag zu sprechen?
6. Es gibt niemanden, der sie unterrichten kann.

Mengenbezeichnungen – zählbare und nicht zählbare Begriffe

10

Zählbare (= *countables*) und nicht zählbare Begriffe (= *uncountables*) erhalten oft unterschiedliche Begleiter, wenn es um Mengenbezeichnungen geht.

1.	**Viele** Leute haben **viele / eine Menge** Probleme – manchmal sogar **zu viele** davon.	**Many** people have got **lots of** problems, sometimes even **too many** of them.
2.	**Einige** Leute denken, dass Madonna und Michael Jackson **die beiden** wichtigsten Musiker unserer Tage sind. Ich mag sie **beide.** Und du? – Leider **keinen** von ihnen.	**Some / A few** people think that Madonna and Michael Jackson are **the two** most important musicians of our day. I like them **both.** And you? – **Neither** of them, I'm afraid.
3.	Ich trinke nicht **viel** Bier und nur **wenig** Wein, aber meine Freunde trinken **zu viel.**	I don't drink **much** beer and only **little** wine, but my friends drink **too much.**
4.	Tina würde gern **jeden** See in Schottland besichtigen. **Jeder von ihnen** hat seinen besonderen Charme.	Tina would like to visit **every** lake in Scotland. **Each of them** has its own particular charm.
5.	Peter ist wunderbar. Ich kann ihn **jederzeit** anrufen und mit ihm über **alles** sprechen.	Peter is wonderful. I can call him **any time** and talk to him about **anything**.

- Mit **nicht zählbaren Nomen** werden verwendet: *a lot of, lots, much, little* (= wenig), *a little* (= ein wenig).
  Much steht meist in Fragen und verneinten Sätzen. In bejahten Aussagesätzen steht stattdessen meist *a lot* oder *a lot of / lots of*. Nach *too, so, as* steht immer *much* (3).
- Mit **zählbaren Nomen** werden verwendet: *a lot of, lots, many, few* (= wenige), *a few* (= einige), *several*.
  Nach *too, as, so* muss immer *many* stehen.
- Zählbare Nomen stehen auch bei *both, the two, either (= einer von beiden), neither (= keiner von beiden)* (2).
- *every* bezeichnet jede/n ohne Ausnahme, *each* bezeichnet jede/n einzelne/n und kann mit einer *of-phrase* stehen (4).
- In **bejahten** Sätzen bezeichnet *any* irgendeine beliebige (= x-beliebige) Sache oder Person. Auch *any* kann eine *of-phrase* anschließen. *Anything* bedeutet hier „alles", *anywhere* bedeutet „überall" (5).

Lösung ➲ 69

Übungen:

Eindrücke von New York

1. In New York gibt es viele berühmte Gebäude.
2. Jedes von ihnen hat eine eigene Geschichte, die nur wenige Leute kennen.
3. Die meisten Touristen interessieren sich nur für die bekannten Sehenswürdigkeiten, die viele von ihnen auf Rundfahrten mit Fremdenführern besichtigen.
4. Es ist unglaublich, wie viele verschiedene ethnische Gruppen in New York leben.
5. Einige von ihnen bewohnen bestimmte Stadtviertel, wie Little Italy oder Chinatown.
6. New York ist eine Stadt mit vielen Gesichtern.
7. Es gibt zu viele Obdachlose in den düsteren Ecken dieser Stadt und viele Häuser haben kein fließendes Wasser.
8. Die Öffentlichkeit erfährt mit Grausen, wie viele Jugendliche an Drogen sterben, aber niemand kann eine Lösung für dieses Problem finden.

Tom ruft seinen Freund Peter an.

1. Hallo, Peter, was machst du am Samstag?
2. Ich würde gern mit dir ins Fußballstadion gehen.
3. Hallo, Tom. Du weißt, dass ich mit dir fast überall hingehe, aber ich bin nicht gerade ein fanatischer Fußballfreund.
4. Außerdem darf ich nirgendwo hingehen, wo es Probleme geben kann.
5. Was meinst du damit?
6. Naja, nach jedem Fußballspiel gibt es Probleme mit Fußballrowdies, das kann dir doch jeder erzählen.
7. Vielleicht hast du Recht.
8. Die Sache ist die, dass ich meine beiden Cousins beeindrucken wollte.
9. Die beiden schauen sich jedes x-beliebige Spiel an.
10. Jeder von ihnen unterstützt einen anderen Verein und keiner ist in der Lage, über irgendwelche anderen Themen zu sprechen.
11. Das ist nicht leicht für mich.
12. Warum kommst du nicht einfach rüber?
13. Du kannst jederzeit kommen und mit mir über alles sprechen.
14. Danke, Tom.
15. Du bist einer meiner wenigen wahren Freunde.

11 Possessivbegleiter bei Kleidungsstücken, Körperteilen und mit „own“

Possessivbegleiter zeigen Besitz oder Zugehörigkeit an. Sie werden im Englischen auch bei Kleidungsstücken oder Körperteilen verwendet.

1. Tim ließ **die** Hose auf den Boden fallen und warf **das** Hemd auf einen Stuhl.	Tim dropped **his** trousers onto the floor and threw **his** shirt over a chair.
2. Er legte sich hin und schloss **die** Augen. **Die** Beine taten ihm weh und er fühlte sich völlig erschöpft.	He lay down and shut **his** eyes. **His** legs were aching and he felt completely exhausted.
3. Plötzlich packte ihn jemand **am** Arm.	Suddenly somebody grabbed him by **the** arm.

➲ Im Unterschied zum Deutschen stehen im Englischen bei Kleidungsstücken (1) und Körperteilen (2) die Possessivbegleiter, wenn sie zum Subjekt des Satzes gehören.
Gehört das Körperteil nicht zum Subjekt des Satzes, steht der bestimmte Artikel: *somebody – arm* (3).

4. Tina wollte endlich **ihr eigenes Auto** haben.	Tina finally wanted to have **her own car**.
5. Sie hatte schon lange von **einem eigenen Wagen** geträumt.	She had been dreaming of **a car of her own** for a long time.
6. Aber ihr Vater sagte nur andauernd: „In deinem Alter hatte ich nicht einmal **eigenes Geld**, geschweige denn **ein eigenes Auto**.“	But her father only kept saying: "At your age I didn't even have **any money of my own**, let alone **my own car**."

➲ *Own* dient zur Verstärkung der Possessivbegleiter (4).

➲ Vor *own* können nur die Possessivbegleiter stehen *(my, your, his, her, our, their)*. Geht ein Artikel, ein unbestimmter Begleiter wie *no, some, any, much, many* oder ein Zahlwort voraus, wird *own* mit *of* an das Substantiv, auf das es sich bezieht, angeschlossen (5, 6).

Übungen:

Lösung ➲71

Traum an einem Winterabend:

1. An der Bushaltestelle war eine lange Menschenschlange.
2. Es war eiskalt und der Himmel war dunkel.
3. Tina rieb sich die Hände.
4. Warum hatte sie [bloß] die Handschuhe zu Hause vergessen?
5. Die Ohren taten ihr auch weh.
6. Endlich kam der Bus.
7. Jemand schubste sie am Arm.
8. Vor lauter Kälte spürte sie es kaum, als ihr jemand auf den Fuß trat.
9. Zum Glück fand sie noch einen Sitzplatz.
10. Sie schloss die Augen und versuchte, sich zu entspannen.
11. Der Kopf fiel ihr auf die Brust.
12. Sie träumte, dass sie in der warmen Frühlingssonne auf ihrem eigenen Pferd saß und durch die Felder ritt.
13. Ihre Haare wehten im Wind.
14. Doch plötzlich packte sie jemand an der Schulter.
15. [„Endstation!] Alles aussteigen, bitte!
16. Machen Sie die Augen auf, junge Frau."
17. Wie schade!

Brief an die Brieffreundin:

1. Liebe Sarah,
2. stell dir vor, ich habe jetzt ein eigenes Zimmer!
3. Toll, was?
4. Meine Schwester ist nach London gezogen, weil sie dort ein Jahr an einer Schule arbeitet.
5. Sie hat [zwar] keine eigene Wohnung, aber sie lebt mit vier Studentinnen in einem großen alten Haus.

6. Sie haben ihre eigene Küche und auch einen eigenen kleinen Garten.
7. Zwei der Mädchen haben sogar einen eigenen Fernseher und einen CD-Spieler.
8. Meine Schwester hat keinen eigenen.
9. Sie hat auch nicht viele eigene CDs, aber sie kann sich von den anderen welche ausleihen.
10. In einem Haus zusammenzuleben, hat wirklich viele Vorteile.

3.

Schreibe deiner Brieffreundin / Brieffreund, dass

1. du nicht viel eigenes Geld hast.
2. dein Bruder ein eigenes Badezimmer hat.
3. du dir die Haare schneiden willst.
4. dein Mathematiklehrer einen Ring im Ohr hat.
5. du dir die Fingernägel schwarz angemalt hast.
6. deine alte Tante nie das Haus ohne Hut auf dem Kopf verlässt.
7. deine Eltern sich ein eigenes Boot gekauft haben.

Der s-Genitiv und der of-Genitiv 12

Der Genitiv drückt Besitz, Zugehörigkeit oder Zuordnung aus.

1. Tiger ist eine der Katzen **meines Nachbarn.**	Tiger is one of **my neighbour's** cats.
2. Er benutzt immer die **Katzentoilette.**	He always uses the **cats' toilet.**
3. Tiger fährt nicht gern Auto. Sogar **eine einstündige Fahrt** ist ihm zu viel.	Tiger doesn't like going by car. Even **an hour's drive** is too much for him.
4. Im Allgemeinen werden **Deutschlands** Katzen sehr gut ernährt.	In general, **Germany's** cats are very well fed.

- Der s-Genitiv steht vor allem bei Personen (1), doch ist er im Englischen auch bei Tieren üblich (2).
- Auch bestimmte Zeitangaben, Ortsangaben und Ländernamen stehen mit s-Genitiv (3, 4).

5. In der ersten **Woche unserer Ferien** versuchten wir uns auszuruhen.	In the first **week of our holidays** we tried to relax.
6. Ich las ein Buch über **das Leben von Menschen, die stets bereit sind, anderen zu helfen.**	I read a book about **the lives of people who are always willing to help others.**

- Der of-Genitiv *(= of-phrase)* steht bei Sachen (5).
- Er steht nur dann bei Personen, wenn ihnen eine längere Erläuterung folgt (6).

7. Gestern half ich **einem Freund von mir** (= einem meiner Freunde) beim Kofferpacken.	Yesterday I helped **a friend of mine** (= one of my friends) with his packing.
8. Er wird bei **einer Tante von ihm** (= einer seiner Tanten) leben.	He is going to live with **an aunt of his** (= one of his aunts).
9. Und stell dir vor, meine Großmutter ist **eine Nachbarin von seiner Tante**!	And imagine, my grandmother is **a neighbour of his aunt's** (= one of his aunt's neighbours).

➲ Steht der of-Genitiv in Verbindung mit einem Possessivpronomen (z. B. *a friend of mine*), so drücken wir damit aus, dass jemand mehrere Freunde, Tanten usw. besitzt (7, 8).

➲ Statt des Possessivpronomens kann nach dem of-Genitiv auch ein s-Genitiv stehen (= doppelter Genitiv): *a neighbour of his aunt's* (9).

Lösung ➲ 73

Übungen:

Gespräche zwischen Freunden.

1. Gehört dieses Auto dir, Ben?
2. Nein, es ist nicht meins.
3. Es gehört meinen Eltern.
4. Ich habe kein eigenes.

1. Wart ihr schon mal in New York, Lisa und Paul?
2. Nein, noch nicht, aber ein paar Freunde von uns waren letztes Jahr dort.
3. Wie schön!
4. Die Sehenswürdigkeiten dieser sehr interessanten Stadt müssen wirklich toll sein.
5. Meine Mutter sagt, dass ein Onkel von ihr vor ungefähr 20 Jahren dorthin ausgewandert ist.

6. Vielleicht kann ich ihn [mal] besuchen.
7. Ein Aufenthalt von ein paar Tagen würde mir schon reichen.
8. Natürlich hängt auch vieles vom Geld ab.

1. Ist das das Haus deiner Eltern, Tom?
2. Nein, es ist nicht ihres.
3. Es gehört den Millers.
4. Sie sind enge Freunde von uns.

1. Hast du die heutige Zeitung gesehen, Mama?
2. Ist sie nicht in der Küche?
3. Nein, da ist nur die von gestern und die brauche ich nicht.
4. Ich suche den Artikel über die britische Königsfamilie.

1. Sind das da drüben nicht Frau Jones' Hunde?
2. Ja, du hast recht, es sind ihre.
3. Schau dir die Pfoten der Hunde an.
4. Sie haben sich schwer verletzt.
5. Vielleicht kann ihnen Frau Helpful helfen.
6. Sie ist Krankenschwester.

7. Wer ist der große Junge neben Tim?
8. Peter? Oh, er ist ein Verwandter von Tim.
9. Die ersten beiden Wochen seiner Ferien verbringt er bei Tim.
10. Danach arbeitet er in der Firma eines Freundes seines Vaters.

13 Kurzsätze mit „so“ und „not“

Im Deutschen und im Englischen gibt es Kurzsätze, sie unterscheiden sich jedoch stark.

1. Lassen deine Eltern dich nächste Woche mit uns ins Kino mitfahren? – **Ich hoffe schon.**	Are your parents going to let you go to the cinema with us next week? – **I hope so.**
2. Ziehst du dann deine schwarzen Schuhe an? – **Das glaub ich nicht.** Sie sind kaputt.	Are you going to wear your black shoes then? – **I don't think so.** They're worn out.

➲ Kurzsätze mit *so* und *not* werden oft mit Verben gebildet, die eine Meinung, eine Hoffnung oder eine Erwartung ausdrücken, z. B. *(to) think, (to) hope, (to) suppose*.

➲ Bei verneinten Kurzsätzen mit *(to) think* und *(to) suppose* gibt es zwei Möglichkeiten:
I don't think so. / I think not.
I don't suppose so. / I suppose not.

3. Hast du den Film über die Titanic schon gesehen? **Wenn ja**, lohnt es sich, ihn noch mal zu sehen. **Wenn nicht**, musst du ihn dir unbedingt ansehen.	Have you seen the film about the Titanic yet? **If so**, it's worth watching it again. **If not**, you must really watch it.

➲ In Bedingungssätzen können Kurzsätze mit *if so* oder *if not* den *if*-Teil des Bedingungssatzes verkürzen.

Lösung
➔ 75

Übungen:

Peter stellt seiner Mutter eine Menge Fragen.

1. Meinst du, ich könnte zum Geburtstag ein neues Fahrrad bekommen, Mama?
2. Mein altes ist [schon] fast kaputt.
3. Ich fürchte nicht, Peter.
4. Du weißt ja, dass Papa im Moment arbeitslos ist.
5. Wir haben kein Geld für ein neues Rad.
6. Aber ich bekomme [vielleicht] genug Geld von meinen Großeltern.
7. Wenn ja, kannst du es kaufen.
8. Wenn nicht, musst du bis Weihnachten warten.

Und Peter will noch mehr wissen.

1. Fahren wir dieses Jahr in den Urlaub?
2. Ich hoffe schon.
3. Aber ich kann dir nichts versprechen.
4. Es hängt alles von Papa ab.
5. Wir könnten doch in die Berge fahren.
6. Oder meinst du, dass das zu teuer wird?
7. Ich schätze nicht.
8. Wenn wir Glück haben, können wir Tante Emilys Wohnwagen ausleihen.
9. Wenn nicht, können wir ein billiges Zimmer mieten.
10. Meinst du nicht, dass Tante Emily mit uns fahren will?
11. Ich fürchte ja.
12. Wenn ja, ziehe ich es vor, zu Hause zu bleiben.
13. Und ich nehme an, dass Papa das auch vorzieht.
14. Meinst du nicht?
15. Sie sind immer unterschiedlicher Meinung.
16. Ich nehme es an.

Noch einmal Peter:

1. Vielleicht findet Papa bald eine neue Stelle.
2. Dann wird alles einfacher.
3. Hoffen wir es.
4. Hat nicht eine große Computerfirma letzte Woche entschieden, in unserer Stadt eine Zweigstelle zu eröffnen?
5. Es scheint so.
6. Aber niemand weiß etwas Genaues.

Zwei Schwestern streiten sich:

1. Gib mir sofort die roten Handschuhe.
2. Das sind meine!
3. Das glaube ich nicht.
4. Sie gehören mir.
5. Oma hat sie mir vor zwei Jahren geschenkt.
6. Ich habe die Nase voll von deinem unhöflichen Verhalten.
7. Hast du dir schon wieder meine neue CD ausgeliehen, ohne mich zu fragen?
8. Wenn ja, gib sie sofort zurück.

Vergleichende Kurzsätze mit „so, nor“ und „neither“

Diese Kurzsätze entsprechen deutschen Kurzsätzen mit „auch" oder „auch nicht". Sie nehmen den vorausgegangenen Aussagesatz in verkürzter Form wieder auf.

1. Paul mag Englisch. Seine Freunde **auch**.	Paul likes English. **So do** his friends.
2. Letztes Jahr nahm er an einem Austausch teil. Sein Freund Tim **auch**.	Last year he took part in an exchange. **So did** his friend Tim.
3. Doch Paul ist nicht gut in Mathe. Seine Freunde **auch nicht**.	But Paul isn't good at maths. **Nor / Neither are** his friends.
4. Er kann die heutigen Hausaufgaben nicht machen. Sein Freund Tim **auch nicht**.	He can't do today's homework. **Nor / Neither can** his friend Tim.

➲ Bei bejahten Aussagesätzen steht *so*, bei verneinten *nor* oder *neither*. Danach folgt eine Inversion, d. h. Subjekt und Prädikat werden umgestellt: *Nor / Neither* ***are his friends***.

➲ Wenn der vorausgehende Aussagesatz ein Vollverb im *simple present* oder *simple past* enthält, wird dieses durch eine entsprechende Form von *(to) do* ersetzt (1, 2).

➲ Steht im Aussagesatz ein Hilfsverb wie *(to) be* oder *can*, so wird dieses im Kurzsatz wieder aufgenommen (3, 4).

Lösung
➔ 77

Übungen:

Gleiche Ansichten, Situationen oder Probleme:

1. Linda mag Mathe lieber als Französisch. Tina auch.
2. Herr Black ist ein sehr netter Lehrer. Frau Brown auch.
3. Mein Opa war noch nie in England. – Meiner auch nicht.
4. Tim würde gern nach Amerika auswandern. Sein Freund Robin auch.
5. Ich kann heute Abend nicht kommen. – Ich auch nicht.
6. Wir haben gehofft, dass unsere Mannschaft das letzte Spiel gewinnen würde. – Wir auch.

Zwei Frauen unterhalten sich über die Nachbarsfamilie.

1. Herr Miller fährt [ja] nicht oft abends in die Stadt.
2. Seine Frau auch nicht.
3. Kein Wunder, dass sie Probleme mit ihrer Tochter und ihrem Sohn haben.
4. Wenn ich ein Teenager wäre, würde ich auch nicht in diesem Dorf herumhängen wollen.
5. Sie haben Recht.
6. Wir haben uns auch amüsiert, als wir jung waren.
7. Ich habe den Eindruck, dass Tina Peter nicht mag, und er mag sie auch nicht.
8. Sie streiten ständig.
9. Ich selbst versuche, mit meinen Kindern zu reden, mein Mann auch.
10. Aber manchmal hören sie nicht zu und wir auch nicht.
11. So ist das Leben.

Wiederholung: das Passiv 15

Im gesprochenen Deutsch kommen Passivsätze kaum vor. Deutsche Sätze mit „man" entsprechen jedoch oft englischen Passivsätzen. Hier kannst du die Bildung und Verwendung des Passivs noch einmal üben.

1. Gestern **wurden** drei Menschen bei einem Autounfall **verletzt**.	Yesterday three people **were injured** in a car accident.
2. **Man hat** den Fahrer des Wagens, der den Unfall verursachte, noch **nicht gefunden**.	The driver of the car, which caused the accident, **hasn't been found** yet.
3. „Dieser Mann **muss bestraft werden**", sagte ein Polizist. „Ich hoffe, dass **er bald gefasst wird**."	"This man must be punished", said a policeman. "I hope that **he'll soon be arrested**."
4. Währenddessen **wurde** das beschädigte Auto von Spezialisten **untersucht**.	Meanwhile, the damaged car **was being examined** by specialists.

- Das Passiv wird mit der entsprechenden Form von *(to) be* und dem Partizip Perfekt *(= past participle)* gebildet.
- Einem deutschen Satz mit „man" entspricht oft ein englischer Passivsatz (2).
- Wer im Passivsatz eine Handlung ausführt, wird am Ende des Satzes mit *by* angehängt: ... *by specialists* (4).

Lösung
➲ 78

Übungen:

Rekorde:

1. Wusstest du, dass die Bibel bis jetzt in 1829 Sprachen übersetzt wurde?
2. Bis ins 15. Jahrhundert wurden alle Bücher handschriftlich abgeschrieben.
3. 1452 wurde das erste Buch von Johannes Gutenberg gedruckt.
4. Es war die Bibel.
5. Das größte Bett der Welt wurde in Frankreich gebaut.
6. Es wurde jedoch nie als Bett benutzt, sondern konnte auf einer Möbelausstellung bewundert werden.

Fragen zu den Olympischen Spielen:

1. Wie oft werden Olympische Spiele abgehalten?
2. Wo werden die nächsten Olympischen Spiele abgehalten werden?
3. Wie viele moderne Olympische Spiele sind bisher abgehalten worden?

Zwei Lehrer/innen unterhalten sich über zwei ihrer Schüler.

1. Stimmt es, dass Toms Mutter ihren Mann verlassen hat?
2. Ja. (Kurzantwort)
3. Sie lassen sich scheiden.
4. Jetzt wird die meiste Hausarbeit von Tom gemacht.
5. Wissen seine Freunde davon?
6. Ja. (Kurzantwort)
7. Er wird oft ausgelacht, weil sie glauben, dass Hausarbeit nicht von Männern gemacht werden sollte.
8. Mir sind ein paar seltsame Geschichten über Pauls Familie erzählt worden.
9. Zwei seiner Brüder wurden letztes Jahr ins Gefängnis gesteckt.
10. Die Polizei hat mehrere Autoradios gefunden, die man nicht bezahlt hatte.
11. Ja, das passiert, wenn man Kindern nicht beibringt, was richtig und falsch ist.
12. Du hast natürlich Recht.

13. Aber Pauls Vater wurde bei einem Autounfall getötet, als die Kinder noch klein waren.
14. Seine Mutter musste ganz allein zurechtkommen.
15. Im Moment wird sie von Sozialdiensten unterstützt, aber für wie lange?

Wiederholung: Adjektiv und Adverb 16

Kennst du noch den Unterschied zwischen Adjektiven und Adverbien? Erinnerst du dich noch, wie sie gesteigert werden und welche unregelmäßigen Formen es gibt? Falls nicht, kannst du hier ausgiebig wiederholen.

1. Kleine Kinder können sich **leichte** Lieder **gut** merken.	Little children can remember **easy** songs **well**.
2. Dieses Lied ist **gut**. Ich kann es mir **leicht** merken.	This song is **good**. I can remember it **easily**.
3. Tim macht seine Hausaufgaben **schneller** und **sorgfältiger** als Lisa.	Tim does his homework **faster** (oder: **more quickly**) and **more carefully** than Lisa.
4. Lisa schreibt **leider** nicht **so schön** wie Tim. Ihre Schrift ist nicht **so schön** wie seine.	**Unfortunately**, Lisa doesn't write **as beautifully as** Tim (does). Her handwriting isn't **as beautiful** as his.
5. Peter öffnete **langsam** den Brief. Diesmal war er **netter**.	Peter **slowly** opened the letter. *oder:* Peter opened the letter **slowly**. This time it was **nicer**.

- **Adjektive** beschreiben **Nomen** näher. Sie können vor dem Nomen stehen: **einfache** Lieder → ***easy*** *songs* (= attributiver Gebrauch) oder Teil des Prädikats sein: Dieses Lied **ist gut**. → *This song* ***is good*** (1).
- **Adverbien** beschreiben **Verben** näher: **gut** merken → *remember ...* ***well***, **leicht** merken → *remember ...* ***easily*** (2).
- Einsilbige Adjektive und zweisilbige Adjektive, die auf *-y* enden steigerst du mit *-er* und *-est*: *nice – nicer – nicest, easy – easier – easiest* (*y* wird zu *i*!)
- Andere zwei- oder mehrsilbige Adjektive werden mit *more* und *most* gesteigert: *careful – more careful – most careful*.
- Unregelmäßige Steigerungen gibt es z. B. bei *good – better – best, bad – worse – worst*.
- Adverbien werden von Adjektiven abgeleitet durch das Anfügen von *-ly: easy – easily, careful – carefully*.
- Einsilbige Adverbien und *early* werden mit *-er* und *-est* gesteigert: *fast – faster* (3).
- Zwei- und mehrsilbige Adverbien bilden die Steigerungsformen mit *more* und *most*: *carefully – more carefully – most carefully; quickly – more quickly – most quickly*.
- Unregelmäßige Steigerungen gibt es z. B. bei: *well – better – best, badly – worse – worst*.
- Zur Stellung des Adverbs: Das Adverb der Art und Weise steht oft am Ende des Satzes (1, 2, 5). Es kann aber auch vor dem Hauptverb stehen (5). Du darfst es aber **nie** zwischen Vollverb und Objekt stellen!
- So genannte Satzadverbien wie *unfortunately* stehen am Satzanfang, da sie sich auf den ganzen Satz beziehen (4).

Übungen:

Lösung
➲ 80

Adjektiv oder Adverb?

1. Meine Mutter ist eine vorsichtige Fahrerin.
2. Obwohl sie abends oft müde ist, fährt sie nicht schnell, sondern sehr vorsichtig.
3. Sogar wenn sie einen schlechten Tag hat, verliert sie nicht leicht die Geduld.
4. Sie ist wirklich eine sehr freundliche, vernünftige Person und spricht immer freundlich mit anderen Menschen.
5. Aber gestern hatte sie fast einen schlimmen Unfall.
6. Es regnete heftig und die Straßen waren nass.
7. Plötzlich sah meine Mutter einen Hund auf der Straße.
8. Zum Glück war niemand hinter ihr.
9. Sie bremste scharf und versuchte nervös auszuweichen.
10. Und sie hatte Glück.
11. Das gute alte Auto blieb auf der Straße.
12. Was für ein dummer Hund!
13. Das hätte schlimm enden können!

Steigerungen und Vergleich.

1. Viele Leute meinen, dass deutsches Essen gut ist, dass italienisches Essen besser ist und dass die Franzosen das beste Essen haben.
2. Und wo wird das schlechteste Essen serviert?
3. Einige Leute meinen in England.
4. Stimmt das wirklich?
5. Amerikanische Autos sind größer und bequemer als deutsche, aber sie verbrauchen auch mehr Benzin.
6. In Deutschland darf man schneller fahren als in den USA.
7. Die meisten deutschen Autos verbrauchen weniger Benzin als die amerikanischen.
8. Kannst du dir vorstellen, dass Montana genauso groß ist wie Deutschland?
9. Welches ist die interessanteste Stadt in den USA?
10. In Dallas ist es heißer als in Washington D.C.
11. Aber der heißeste Ort in den USA ist das Tal des Todes.

12. Im Süden sprechen die Menschen gewöhnlich schneller und lauter als im Norden.
13. Stimmt es, dass sich die Menschen in Indien am höflichsten begrüßen?
14. In einem Krankenhaus müssen die Leute ordentlicher und sorgfältiger arbeiten als in einer Disco.
15. Im letzten Spiel spielte die deutsche Mannschaft schlecht, aber in diesem Spiel spielen sie gut.
16. Sie gewinnen leider nicht so leicht wie andere Mannschaften.

17 Wiederholung: Zeitformen

In diesem Kapitel begegnen dir fast alle Zeitformen wieder, die du bisher kennen gelernt hast. Anhand der Beispielsätze kannst du dir die Verwendung der einzelnen Zeitformen noch einmal vor Augen führen, vor allem derjenigen, für die es im Deutschen keine Entsprechungen gibt.

1. Tim **spielt** jeden Tag Gitarre, aber im Moment **übt** er **nicht**.	Tim **plays** the guitar every day, but he **isn't practising** at the moment. (***simple present*** und ***present progressive***)
2. Er **spielt** schon seit sechs Jahren Gitarre und **hat** schon einige Preise **gewonnen**.	He **has been playing** the guitar for six years and **has won** several prizes. (***present perfect progressive*** und ***present perfect***)
3. Letztes Jahr **hat** er an einem Musikfestival **teilgenommen** (= ... **nahm** er ... **teil**).	Last year he **took part** in a music festival. ***(simple past)***
4. Während er auf seinen Auftritt **wartete**, **sah** er Sarah.	While he **was waiting** for his turn, he **saw** Sarah. (***past progressive*** und ***simple past***)

5.	Er **hatte** sie zwei Wochen lang **nicht gesehen** und **hatte** die ganze Zeit an sie **gedacht**.	He **hadn't seen** her for two weeks and **had been thinking** of her all the time. (***past perfect*** und ***past perfect progressive***)
6.	Sie sagte: „Nächsten Freitag **werde** ich siebzehn. Ich **gebe** eine Party. Hast du Lust zu kommen?"	She said: "Next Friday **I'll be** seventeen. **I'm going to have** a party. Would you like to come?" (***will-future*** und ***going to-future***)
7.	Er antwortete: „Nächsten Freitag? Mein Bruder **gibt** auch eine Party. Das **wird** ihm **nicht gefallen**."	He answered: "Next Friday? My brother **is having** a party, too. He **isn't going to like** that." (***present progressive*** und ***going to-future***)

- Das *simple present* steht, wenn etwas regelmäßig, oft oder nie geschieht (Signalwort z. B. *every day*). Es steht auch bei aufeinander folgenden Handlungen (1).
- Das *present progressive* drückt aus, dass etwas im Augenblick des Sprechens oder Schreibens noch im Verlauf ist (Signalwort z. B. *at the moment*) (1).
- Das *present perfect* wird verwendet, um auszudrücken, dass etwas vor dem Zeitpunkt des Sprechens geschehen ist und dass ein Ergebnis vorliegt (2).
- Das *present perfect progressive* steht bei Handlungen, die in der Vergangenheit begonnen haben und in der Gegenwart noch andauern (Signalwort z. B. *for*). Vorsicht: Im Deutschen steht hier das Präsens (2)!
- Das *simple past* wird verwendet, wenn Handlungen in der Vergangenheit liegen und abgeschlossen sind und bei gewohnheitsmäßigen, wiederholten und aufeinander folgenden Handlungen (Signalwort z. B. *last year*). Vorsicht: Im Deutschen kann hier das Imperfekt oder das Perfekt stehen (3)!
- Das *past progressive* drückt den Verlauf einer Handlung zu einem bestimmten Zeitpunkt in der Vergangenheit aus (4).

➲ Das *past perfect* bezeichnet eine Handlung, die vor einer anderen Handlung in der Vergangenheit stattgefunden hat (5).

➲ Das *past perfect progressive* betont die Dauer einer Handlung, die vor einem Zeitpunkt in der Vergangenheit begonnen hat und zu diesem Zeitpunkt noch andauert (5).

➲ Das *will-future* wird verwendet bei Ereignissen, die unabhängig vom Willen des Sprechers eintreten (6), bei Hoffnungen, Befürchtungen und Vermutungen und ganz spontanen Entschlüssen. Im Deutschen steht hier meist das Präsens.

➲ Das *going to-future* bezeichnet feste Absichten, Vorhaben und Pläne (6) oder wird verwendet, wenn man sagen will, dass sich etwas mit großer Wahrscheinlichkeit ereignen wird, weil schon Anzeichen dafür vorhanden sind (7). Im Deutschen steht auch hier meist das Präsens.

➲ Wie das Deutsche kennt auch das Englische ein Präsens mit futurischer Bedeutung: Das *present progressive* drückt aus, dass etwas Zukünftiges persönlich vereinbart, konkret geplant oder beschlossen ist. Dabei muss der Bezug zur Zukunft durch Zeitbestimmungen (z. B. *next Friday*) oder aus dem Zusammenhang erkennbar sein (7).

Lösung ➲82

Übungen:

Simple present oder *present progressive*?

1. Was macht unsere Katze, Linda?
2. Sie spielt doch nicht mit meiner Zeitung, oder?
3. Nein. (Kurzantwort)
4. Sie spielt nie mit der Zeitung.
5. Sie liest sie.
6. Du machst wohl Witze.
7. Sie liest die Zeitung?
8. Ja. (Kurzantwort)
9. Jeden Morgen sucht sie den Anzeigenteil und studiert ihn sorgfältig.
10. Warum macht sie das?
11. Sie will gut informiert sein über das beste Angebot.
12. Sie isst [doch] nicht irgendein Futter, oder?
13. Nein. (Kurzantwort)
14. Sie ist ein intelligentes Tier, nicht wahr?

Simple past oder *past progressive*?

1. Es war eine kalte Winternacht.
2. Ein starker Wind blies und es schneite heftig.
3. Herr und Frau Miller saßen am Feuer und lasen Bücher.
4. Plötzlich klopfte jemand an der Tür.
5. Während Herr Miller zur Tür ging, wurde das Klopfen immer lauter.
6. Kurz bevor er die Tür erreichte, hörte das Klopfen abrupt auf.
7. Langsam öffnete Herr Miller die Tür.
8. Draußen lag ein Mann im Schnee.
9. Was machte er da draußen?
10. Und warum bewegte er sich nicht?
11. Herr Miller versuchte, den Mann ins Haus zu tragen, aber er war zu schwer.
12. „Martha!" rief er.
13. „Hilf mir bitte!"
14. Warum kam seine Frau nicht?
15. Er drehte sich nach ihr um.
16. Und dann sah er ihr bleiches Gesicht und ihre Hand, die zur Tür deutete.
17. Er spürte plötzlich einen stechenden Schmerz am Kopf und fiel zu Boden.

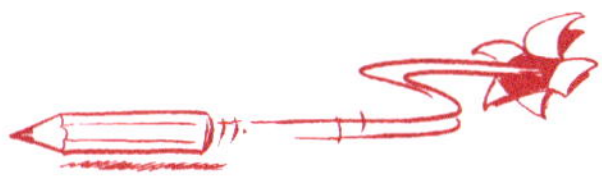

Verschiedene Zeitformen der Vergangenheit.

1. Terry hat die Universität 1985 verlassen.
2. Von 1985 bis 1997 hat er in Berlin gearbeitet.
3. Seitdem hat er für mehrere Firmen gearbeitet.
4. Seit vier Jahren arbeitet er in unserem Unternehmen.
5. Mein Vater traf ihn, als er an einem Projekt mit unserer Firma teilnahm.
6. Nachdem er seine Entwürfe gesehen hatte, wollte er, dass er für uns arbeitet.
7. Aber Terry wollte bei seiner alten Firma bleiben.
8. Zwei Jahre lang versuchte mein Vater immer wieder, ihn zu überzeugen, sich unserem Unternehmen anzuschließen.
9. Und dann, eines Tages, entschloss sich Terry, die neue Herausforderung anzunehmen, die er seit dem Treffen mit meinem Vater immer abgelehnt hatte.

Will-future oder *going to-future*?

Gespräch unter Freunden:

1. Ich brauche ein neues Fahrrad.
2. Mein altes ist zu klein.
3. Wann kaufst du dir ein neues?
4. Ich weiß noch nicht.
5. Mein Vater ist nächste Woche leider nicht da.
6. Ich kann ja mitkommen.
7. Ich bin sicher, dass wir beide ein tolles Rad für dich finden.
8. Und wer bezahlt?
9. Du vielleicht?

Im Deutschen Präsens, im Englischen *simple present, present progressive, present perfect progressive, will-future* oder *going to-future*?

Ein Brief an einen Brieffreund:

1. Hallo, Peter,
2. mein Name ist Tom und ich lebe in Swansea, einer Stadt in Wales.
3. Ich lebe hier schon seit 14 Jahren.
4. Meine Hobbys sind Musik und Lesen.
5. Ich spiele Gitarre.
6. Ich spiele schon seit meinem achten Lebensjahr.
7. Jeden Mittwoch treffen wir uns im Musikklub und üben für Schulkonzerte.
8. Abends lese ich gewöhnlich.
9. Im Moment lese ich ein sehr interessantes Buch.
10. Es ist ein Krimi über Hamburg.
11. Eines Tages habe ich bestimmt Gelegenheit, Deutschland zu besuchen.
12. Wenn ich die Schule verlasse, werde ich Musik und Literatur studieren.
13. Vielleicht werde ich Lehrer.
14. Oder Musiker.
15. Schreibe bald!
16. Liebe Grüße, Tom.

Lösungen

Wenn deine Übersetzung von der hier angebotenen Musterlösung und den Alternativvorschlägen der rechten Spalte abweicht, muss sie nicht unbedingt falsch sein, denn das Englische kennt viele Möglichkeiten, etwas zu versprachlichen. Vielleicht kannst du bei deiner Lehrerin oder deinem Lehrer nachfragen.
BE = *British English*
AE = *American English*

1 Expressions of time and place and auxiliaries in reported speech

1. She *said (that)* her name was Gwen Thomas and that she *came* from a small village in Wales.

   Im Englischen steht in der indirekten Rede nie ein Komma; *backshift: come → came*

2. She told me that her parents had learnt Welsh more than thirty years before when they had been children, but that she *had* only *been learning it for two years at school*.

   backshift: Zeitraum mit *for*: *has been learning → had been learning*
   in der Schule = **at** school

3. She explained that her father had been out of work / unemployed for more than a year.
4. He *had worked* in a coal-mine that / which had been closed down the year before.

   backshift: worked → had worked

5. She mentioned that an electronics centre *had been opened* recently.

   backshift: has been opened → had been opened

6. She hoped that he *might* get a job there the following year / the next year.

   backshift: may → might

7. She explained that he had wondered if he should open his own business / a business of his own.
8. She said that he was going to talk to the bank manager about a loan that week.

2.

1. They asked me whether / if that was the first time that I had won a music *prize*.

   Preis aus einem Wettbewerb = *prize*, Preis(schild) im Supermarkt = *price*

2. They wanted to know when I had started *to play the harp*.

   Harfe spielen = *(to) play* **the** *harp*

3. They wondered if all *Welsh* were as interested in music as I was.

   Ableitungen von Ländernamen werden immer großgeschrieben.

4. They asked me where I *was going to play* next.

   festes Vorhaben, deshalb *going to-future*

5. They wanted to know if I had to practise hard *every day*.

   Zeitangaben am Satzende

6. They asked me if I *thought* that everybody should learn *how to play a musical instrument*.

   oder: *was of the opinion*

   Wörtliche Übersetzung hier nicht möglich.

3.

1. He said that he liked it *there* in the United States and that his penfriend *John's* family *was* very nice.

   here → there;

   s-Genitiv beim Namen;
   backshift: is → was

2. He *told me* that John had shown him photos of his ancestors the day before.

   tell braucht im Englischen ein direktes Objekt: *me*.

3. His grandfather had been *a Jew* and had been persecuted for political and religious reasons.

   Nationalitätsbezeichnungen und Religionszugehörigkeit immer mit unbestimmtem Artikel.

4. His grandmother had suffered from poverty in Ireland.

   Auch dieser Satz ist vom vorhergehenden Satz abhängig.

5. Life *must* have been very hard for her.

   Wenn mit *must* eine Annahme ausgedrückt wird, kommt es nicht zu einer Verschiebung.

6. Then he explained that John's mother wanted to cook an American *speciality* for him the following day / the next day: pumpkin pie.

   oder: *specialty* (AE)

2 The definite article

1. You know, *life* in New York is very exciting for *tourists*.

   life und *tourists* sind nicht näher bestimmt.

2. There is so much to see.
3. I *visited* the Statue of Liberty and Brooklyn Bridge, of course, and I watched *an* excellent show in Times Square.

   simple past: Erzähltempus, abgeschlossene Handlung; vor Vokal wird *a* zu *an*.

4. But *on the other hand* I was shocked by *the noise and the pollution in the streets of that city.*

   auf der anderen Seite / andererseits = *on the other hand;* nähere Bestimmung durch *of-phrase;* **auf** der Straße = ***in*** *the street*

1. Excuse me, can you tell me the way *to the hospital*?

   Hier ist das Gebäude gemeint.

2. I'm sorry, but I can't help you.
3. *I'm lucky*, I have never been *to hospital*.

   Glück **haben** = *(to)* ***be*** *lucky,* glücklich sein = *(to) be happy;* Zweck, aber AE auch: *to the hospital*

4. But look, here comes old Mr Black.
5. He was *in hospital* only last week, because of his bad leg.

   Zweck: Behandlung im Krankenhaus

6. You can ask him.

1. Is Mount Everest really the highest mountain of the world, Dad?	
2. Does Lake Michigan belong to the United States or Canada?	
3. *Water pollution* really is a big problem. What about *the water in our town*?	im allgemeinen Sinn; nähere Bestimmung
4. *Why have we got* two cars? Can't you *go to work* by bus, Mum? You could make an active contribution *to reducing* air pollution.	oder: *Why do we have ...;* in die Arbeit fahren = *(to) go to work;* auf dieses *to* folgt das Gerund.
5. *Most* of my friends go to the Alps with their parents *in winter. Why don't we ever go there?*	*most* = die meisten; steht im Englischen immer ohne Artikel; *in winter*: allgemeiner Sinn; oder: *Why do we never go there?*
6. What's for lunch on Sunday? – You know that there's always fish and chips on the last Sunday of the month.	
7. Was the winter we had last year really one of the coldest of this century?	
8. Did you two like school? I hate *it*.	**die** Schule → ***it***
9. Does Grandma live in *Gartenstraße* or *Blumenstraße*? *I always get them mixed up*.	Eigennamen werden nicht übersetzt; oder: *I always get the two of them mixed up.*

3 The indefinite article

1. What *did you want* to be when you were a child, Tina?

   Abgeschlossener Zeitpunkt der Vergangenheit: *simple past*
   Zeitform muss mit der der Frage übereinstimmen.

2. Oh, I always *wanted* to become a pilot.
3. But as an adult I realized that I didn't have a chance in this job as a woman.
4. In addition to that, I didn't want to sleep in a different bed four times a week.
5. Of course, I would have been earning more than 8000 dollars a month, but money *isn't everything, is it*?

   Positive question tag folgt auf verneinten Satz.

6. I agree with you there.
7. My grandfather, for example / for instance, was a Jew, a Russian Jew, to be exact.
8. He was a jeweller and his jewellery *cost* hundreds of dollars a piece, but he preferred to emigrate to America as a poor man rather than be persecuted because of his religion.

   (to) cost – cost – cost

9. He is an American now, but he *has never wanted* to become a Protestant.

   present perfect wegen Bezug zur Gegenwart

1. My grandmother is an Irishwoman and I'm a Catholic.
2. I get 5 marks pocket-money a week.
3. I want to become a computer expert.
4. I study for three hours a day.

5. Our car reaches a top speed of 200 kilometres *an* hour.

   oder: *200 km per hour*

4 Conditional clauses (Type II)

1. If he worked harder, Paul would get better *marks / grades*.

   (Schul-)Note / Zensur = *mark / grade*, *note* = 1. Notiz, 2. Banknote

2. If he got better marks / grades, school would *be* more *fun* for him.

   Spaß machen = *(to) be fun;*

3. If school *was* more fun for him, he would be less unhappy.

   in formellem Englisch *were*

4. If he was less unhappy, he would be more satisfied with himself.
5. If he was more satisfied with himself, he would *succeed in pleasing* others, too.

   (to) succeed in mit Gerund

What would you do ...

1. ... if you won a lot of / lots of money?
2. I would save the money for my *driving licence* and buy a really good car.

   BE: *driving licence,* AE: *driver's license*

3. ... if your penfriend invited you to America for four weeks?
4. I would ask my grandparents for money or *perhaps* I would work part-time to make sure that I *would have* enough money for the flight.

   oder: *maybe;*

   oder: *... that I had enough ...*

5. ... if Michael Jackson gave a concert in your home town and all the tickets were sold out?

6. I would apply for a job as first-aid attendant or I would try to get in through the stage entrance.

1. Peggy, my dream *has finally come true*, I have a date with Paul.

   present perfect: Ergebnis
2. What should I wear?
3. Well, *if I were you,* I would put on a plain / simple dress.

   feste Wendung: wenn ich du wäre / ich an deiner Stelle = *if I were you*
4. You know that Paul is a very *sensible* person who dislikes anything artificial.

   vernünftig = *sensible*, sensibel = *sensitive*
5. And the dress should cover your knees.
6. Peggy, do you really think that he'*ll* like my blue dress?

   Vermutung, deshalb *will-future*
7. If I were him, I would be delighted.
8. And you know that I never lie.

5 Conditional clauses (Type III)

1. If you *had woken me up* earlier, I wouldn't have missed my bus.

   (to) wake up – woke up – woken up
2. You knew that my alarm clock was broken / out of order.
3. If you had packed your suitcase earlier, you would have been ready in time.
4. And that's the plain truth.
5. Nonsense!

6. If you hadn't envied me so much for this journey / trip, you would have helped me.
7. You're driving me mad / crazy!
8. You always complain about everything.
9. I can't *bear* that any longer.
   oder: *stand / put up with*
10. Perhaps the neighbours can help you.
11. If you ask them nicely / politely they may give you a lift.

1. If Columbus *hadn't been looking for / searching* the sea route to India, he wouldn't have discovered America.
   past perfect continuous: Betonung der Dauer
2. If people *hadn't been persecuted* in England for *their beliefs*, they wouldn't have emigrated to America as settlers / colonists.
   past perfect passive;
   „Glauben" hat im Englischen einen Plural, ähnlich wie *life – lives.*
3. If the first settlement of the Vikings had been permanent, *American* history *would* perhaps have gone differently.
   Ableitungen von Ländernamen werden immer großgeschrieben.
   oder: *might*
4. If the Armada of the *Spanish* king had defeated the English, the country *would* perhaps be *Catholic* today.
   Ableitungen von Ländernamen werden immer großgeschrieben;
   oder: *might;*
   Religionszugehörigkeit wird immer großgeschrieben.

6 The gerund after certain expressions

1. Are you interested in *politics*?	*politics* steht immer im Plural
2. Until recently I believed / thought that it *was* no use thinking about these things.	indirekte Rede: *backshift: is → was*
3. But reading articles about environmental problems *made* me change my opinion / my mind.	auch: *has made* wegen *recently* im Satz davor
4. We are in danger of destroying our planet.	
5. The waste of energy must be stopped.	
6. You already sound like a politician!	
7. What about joining a political party?	
8. Good idea.	
9. I'm looking forward to meeting our local *MP at school next Monday.*	oder: *Member of Parliament;* Ort vor Zeit

1. My dear parents,	
2. I really *enjoy* being here.	oder: *I'm really enjoying*
3. On the first evening my host family suggested going for a walk through town.	
4. Of course, I first apologized for being *late* / arriving *late.*	zu spät = *late*
5. Right in front of us an accident had happened on the motorway and the police asked our bus driver if he would mind telling *them* what he had seen.	Bei *police* steht immer der Plural.
6. So we arrived two hours *late*.	zu spät = *late*

7. But Linda, my exchange partner, thought that it *was worth seeing* the town at night.

   indirekte Rede: *backshift: is worth* → *was worth;* oder: *looking at*

8. And she *was right*.

   Recht **haben** = *(to)* ***be*** *right*

9. The town is famous for offering wonderful night lightshows.

7 The gerund for adverbial clauses and with a subject of its own

1. Before going to the dance Tina dressed very carefully.
2. Instead of *putting on* her old jeans she chose a red dress.

   Gerund nach *instead of*

3. She hoped that her brother *wouldn't mind* her *borrowing* his black jacket.

   indirekte Rede: *backshift: won't mind* → *wouldn't mind;* sich etwas ausleihen = *(to) borrow,* selbst etwas verleihen = *(to) lend*

4. Without saying good-bye to her parents she left the house.
5. She didn't like *them* asking her *when she would be back.*

   oder formeller: *their;* indirekte Frage: *backshift: will* → *would*

6. But then she was angry at herself for being so heartless.
7. Punishing them by making them sad was no good after all.
8. On remembering her mother's weak heart and how tense she was she decided to go back and leave a message in the kitchen.

9. She didn't want to worry them.

1. I can't bear you / your pulling my leg.
2. I'm looking forward to having my own room / a room of my own.
3. My friend dislikes *her sister* leaving her CDs on the floor.

   oder formeller: *her sister's*
4. I hate our parents / our parents' criticizing me instead of listening to me.
5. My teachers wanted to punish me by giving me extra work.

8 The gerund and the infinitive

1. Paul, we regret / we are sorry to disturb you during your homework, but we must *remind you of* a few things before we leave.

   jmdn. an etwas erinnern = *(to) remind s.o. of sth.*
2. Please *remember to feed* the dog and *don't forget to water* the flowers regularly.

   in beiden Fällen Zukunftsbezug → *infinitive*
3. And something else, my dear.
4. Please stop taking the dog into *your* bed.

   Possessivbegleiter notwendig
5. Why don't you try hugging some cuddly / soft toys instead?
6. And, we would prefer to return to / to come back to a clean house, of course.

7. So we hope that you don't intend to invite / inviting all your friends again.
8. Why are you *turning round / around* on your chair all the time?
   oder: *spinning round / around*
9. Can't you stop to listen / in order to listen to us properly?

2.

1. My brother has started to be / being enthusiastic about medieval history. He intends / means to make a career as *a* historian or *an* archaeologist.
   Bei Berufsangaben steht immer der unbestimmte Artikel.
2. My aunt *loves reading* books about the reign of the British monarchs. Some day she *would like* to meet Prince Charles.
   Vorliebe; *would + infinitive*
3. I will never *forget flying* for the first time.
   Vergangenheitsbezug
4. Please try to get tickets for the Michael Jackson concert.
5. Do you remember meeting Peter when you were *here last year?* He continues wearing / to wear earrings although the staff manager of his firm is against it. That means making a lot of people angry.
   Ort vor Zeit

9 The infinitive with "to"

1. After my long journey I was too tired to make plans for the following days.
2. The next morning my penfriend was already waiting impatiently for me to wake up.
3. She had arranged for her father to give us a lift to Swansea.
4. Fortunately, the weather was good enough for us to walk around in the town.
5. The first person to talk to / to speak with me was a real Welshman.
6. He expected me to understand *all that* he had said.

   alles, was = *all that;*
   oder: *all he had said*

7. It was easy for Megan to explain to him that I *didn't understand* any Welsh.

   indirekte Rede: *backshift:*
   don't → didn't

8. But she encouraged me to learn a few / some words.
9. So she *taught* me to say good-bye in Welsh.

   (to) teach – taught – taught

10. But it was too difficult for me to remember.
11. Most of all I liked the harbour with the ferries and fishing boats.
12. It was interesting to listen to the fishermen, even if they talked too quickly for me to understand anything.

2.

1. Peter, I expect you to carry your dirty football kit down into the cellar.
2. You're not the only one to live here.
3. Tina, *I warn* you not to leave your schoolbag on *the stairs* again.
   oder: *I'm warning*; die Treppe = *the stairs*
4. You're really old enough to know how dangerous that can be.
5. And you, Sarah, *I'd like you* to take this *pile of toys* to *your room within the next ten minutes*.
   Kein *that* nach *would like!* Mengenangaben mit *of;* Ort vor Zeit
6. It's really annoying for me to have to remind you of the same things again and again.
7. I'm fed up with your laziness and I warn you not to go too far.
8. It's impossible for me to carry on like this.
9. Everything *goes* wrong.
   oder: *is going*
10. I don't *want you to* treat me like a cleaner.
    Kein *that* nach *want!*

3.

Did you know that ...

1. ... the Pilgrims were the first to settle in North America?
2. ... it was difficult for the Indians to survive the European epidemics?
3. Whole tribes were wiped out completely.
4. ... the Indians *taught* the settlers to grow corn?
   (to) teach – taught – taught

5. … it isn't possible for today's guides in Plimoth Plantation to speak the Wampanoags' language?
6. There is nobody to teach them.

10 Quantifiers – countables and uncountables

1. There are lots of / many / plenty of famous buildings in New York.
2. Each of them has its own history / a history of its own, *which only few people know.*

   Bei nicht-bestimmendem Relativsatz steht ein Komma. Kein *that* möglich.
3. *Most* tourists are only interested in the well-known sights, *which* lots of / many of them visit on guided tours.

   ohne Artikel

   wieder ein nicht bestimmender Relativsatz: kein *that* möglich
4. It is incredible how many different ethnic groups live in New York.
5. Some of them live in certain districts like Little Italy or Chinatown.
6. New York is a town with many / lots of faces.
7. There are too many homeless in the gloomy corners of this town and many / lots of houses have no running water.
8. *The public* hear *in horror* how many young people die of drugs, but nobody is able to / can find a solution to this problem.

   the public + Verb im Plural; mit Grausen = *in horror*

1. Hallo, Peter, what *are you doing* on Saturday?

   present progressive wegen der Zeitangabe *on Saturday*

2. I'd like to go to the football stadium with you.
3. Hallo, Tom. You know that I go nearly everywhere with you, but I'm not really a fanatical football fan.
4. Besides, I'm not allowed to go anywhere where there may / might be problems.
5. What do you mean by that?
6. Well, after each football match there are problems / there is trouble with football hooligans, anybody can tell you that.
7. Perhaps you *are right*.

   Recht **haben** = *(to)* ***be*** *right*

8. The thing is that I wanted to impress my two cousins.
9. The two of them *will watch* any match.

   im Englischen mit *will-future*

10. *Each of them supports* a different team and neither is able to talk about *any other subject*.

    oder: *They each support;*

    oder: *anything else*

11. *That's not easy* for me.

    oder: *That isn't easy …*

12. Why don't you just come around / round?
13. You can come any time and talk about anything with me.
14. Thank you, Tom.
15. You're one of my few true friends.

11 The possessive determiners with clothes, parts of the body and with "own"

1. At the bus stop, there was a long queue.
2. It was freezing cold and the sky was dark.
3. Tina *was rubbing* her hands.
   oder: *rubbed her hands (together)*
4. Why had she *left* her gloves at home?
   oder: … *forgotten her gloves?*
5. Her ears were aching, too.
6. *Finally,* the bus arrived.
   oder: *At last …*
7. Somebody was *pulling her by the arm*.
   oder: *pushing her on the arm*
8. Because of the cold, she hardly felt it when somebody stepped on her foot.
9. Fortunately, she found a seat.
10. She closed her eyes and tried to relax.
11. Her head fell onto her chest.
12. She dreamt that she was sitting on her own horse / a horse of her own and riding through the fields in the warm spring sun.
13. Her *hair* was flying in the wind.
    hair immer im Singular
14. But suddenly somebody grabbed her by the shoulder.
15. "All change, please.
    Das Wort „Endstation" *(= terminus)* wird hier nicht mitübersetzt.
16. Open your eyes, young lady."
17. What a pity!

1. Dear Sarah,	
2. *Imagine*, I've got my own room / a room of my own now!	Briefanfang im Englischen groß
3. Isn't that great?	
4. My sister has moved to London, because she *is going to work* at a school *there for a year*.	*going to-future:* feste Absicht, Vorhaben; Ort vor Zeit
5. She hasn't got *her own flat*, but she lives in a big old house with four *students*.	oder: *a flat / an apartment of her own;* Student / Studentin = *student*
6. They have got *their own kitchen* and *their own small garden,* too.	oder: *a kitchen of their own;* oder: *a small garden of their own*
7. Two of the students have even got *their own TV set and CD player.*	oder: *a TV set and a CD player of their own*
8. My sister hasn't got one of her own.	
9. She hasn't got many CDs of her own, but she can *borrow* some from the others.	sich etwas ausleihen = *(to) borrow,* etwas verleihen = *(to) lend*
10. Living together in one house really has many advantages.	

1. I haven't got much money of my own.	
2. My brother has got a bathroom of his own / his own bathroom.	
3. I want to cut my hair.	
4. My maths teacher has got a ring in his ear.	
5. I *have painted* my fingernails black.	*present perfect:* Ergebnis
6. My old aunt never leaves the house without a hat on her head.	

7. My parents have bought a boat of their own / their own boat.

12 The s-genitive and the of-genitive

1. *Is this car yours,* Ben?
   oder: *Is this your car, …?*
2. No, it isn't mine.
3. It's my parents'.
4. I don't have / I haven't got one of my own.

1. *Have* you *ever been* to New York, Lisa and Paul?
   Signalwort für *present perfect* ist *ever.*
2. No, not yet, but some / a few friends of ours were there *last year.*
   genauer Zeitpunkt in der Vergangenheit: *last year* ist Signalwort für *simple past*
3. How nice!
4. The sights of *that* very interesting town must be really great.
   that, weil sie sich gerade nicht in New York befinden
5. My mother says that an uncle of hers *emigrated* there about 20 years ago.
   kein *backshift*, da redeeinleitendes Verb im Präsens; *(20 years) ago* ist Signalwort für *simple past*
6. Perhaps I'*ll be able* to visit him some day.
   Vermutung über ein künftiges Geschehen: *will-future*
7. A few days' stay would be enough for me.
8. Of course, a lot depends on money, too.

1. *Is that house your parents',* Tom?
   oder: *Is that your parents' house*
2. No, it isn't theirs.
3. It's the Millers'.
4. They're close friends of ours.

1. *Have you seen* today's newspaper, Mum?

   present perfect: Frage nach Ergebnis

2. Isn't it in the kitchen?
3. No, only yesterday's is there and I don't need that one.
4. I'm looking for the article about Great Britain's Royal Family.

1. Aren't these Mrs Jones's dogs over there?
2. Yes, you're right, they're hers.
3. Look at the dogs' paws.
4. They are badly injured.
5. Perhaps Mrs Helpful can help them.
6. She's *a nurse*.

   Berufsbezeichnung mit unbestimmtem Artikel

7. Who's the *tall* boy next to Tim?

   groß bei Körpergröße = *tall*

8. Peter? Oh, he's a relative of Tim's.
9. The first two weeks of his holidays *he's going to stay at Tim's (house).*

   going to-future: feste Absicht, Vorhaben;
   bei Tim = *at Tim's (house)*

10. Afterwards he's going to work at the firm of a friend of his father's.

13 Shortened sentences with "so" and "not"

1. Do you think I could have a new bike for my birthday, Mum?	
2. My old *one* is nearly worn out.	Stützwort *one* ist erforderlich.
3. I'm afraid not, Peter.	
4. You know that Dad is unemployed / out of work at the moment.	
5. We *don't have any money* for a new bike	oder: *We have no money*
6. But I might get enough money from *Granny and Grandad.*	umgangssprachlich für „Großeltern"
7. Well, if so, you can buy it.	
8. If not, you must wait until Christmas.	

1. *Are we going (to go)* on holiday this year?	im Englischen Futur
2. I hope so.	
3. But I can't promise you anything.	
4. It all depends on Dad.	
5. We could go to the mountains.	
6. Or do you think that that *will be* too expensive?	Vermutung über ein künftiges Geschehen: *will-future*
7. I don't suppose so.	
8. If we *are lucky*, we can borrow *Aunt* Emily's caravan.	Glück haben = *(to) be lucky;* glücklich sein = *(to) be happy;* Großschreibung: Anrede / Name
9. If not, we can rent a cheap room.	
10. Don't you think that Aunt Emily *will want* to come with us?	Vermutung: *will-future*
11. I'm afraid so.	

12. If she does, *I'll prefer* to stay at home.	*will-future* im if-Satz Typ I
13. And I suppose Dad will prefer that, too.	
14. Don't you think so?	
15. They always disagree.	
16. I suppose so.	

1. Perhaps Dad *will soon find* a new job.	Hoffnung → *will-future*
2. Then everything will be easier.	
3. Let's hope so.	
4. *Didn't* a big computer company *decide last week* to open a branch in our town?	*last week* ist Signalwort für *simple past*
5. It seems so.	
6. But nobody knows any details.	

1. Give me the red gloves at once.	
2. They're mine!	
3. I don't think so.	
4. They're mine.	
5. Grandma *gave* them to me *two years ago*.	*(two years) ago* ist Signalwort für *simple past*
6. I'm fed up with your rude behaviour.	
7. Have you borrowed my new CD again without asking me?	
8. If so, give it back *at once.*	oder: *immediately*

14 Shortened sentences of comparison with "so, nor" and "neither"

1. Linda *likes maths better than French*. So does Tina.

   etwas lieber mögen = *(to) like sth. better than;* oder: *math* (AE); Ableitungen von Ländernamen werden immer großgeschrieben.

2. Mr Black is a very nice teacher. So is Mrs Brown.
3. *My grandpa has never been* to England. – Nor / Neither has mine.

   keine Anrede → Kleinschreibung; *present perfect:* keine bestimmte Zeitangabe *(never)*

4. Tim would like to emigrate to America. So would his friend Robin.
5. I can't come *tonight.* – Nor / Neither can I.

   heute Abend / Nacht = *tonight / this evening*

6. We hoped that our team would win the last match. – So *did* we.

   „auch" bezieht sich auf den Hauptsatz mit *(to) hope* im *simple past*

1. Mr Miller doesn't often go *into town in the evening(s).*

   Ort vor Zeit!

2. Nor / Neither does his wife.
3. No wonder that they have got problems with *their* daughter and son.

   their muss nicht wiederholt werden

4. If I were a teenager I would*n't* hang around in this village *either.*

   ganzer verneinter Satz mit *not ... either*

5. You are right.
6. We enjoyed ourselves, too when we were young.
7. I have the impression that Tina doesn't like Peter and he doesn't like her either.
8. They *argue* all the time.

   simple present: gewohnheitsmäßiger Vorgang

9. I myself try to talk to my children and so does my husband.
10. *But sometimes they* don't listen and neither / nor do we.

    oder: *But they sometimes ...*

11. That's *life*.

    Leben im allgemeinen Sinn: **ohne** Artikel.

15 Revision: The passive

1. Did you know that the Bible *has been translated* into 1829 languages *so far*?

   so far ist Signalwort für *present perfect*

2. Up to the 15th century all books were copied by hand.
3. *In 1452* the first book was printed by Johannes Gutenberg.

   Jahreszahlen stehen immer mit der Präposition *in.*

4. It was the Bible.
5. The biggest bed in the world was *built* in France.

   to build – built – built

6. However, it was never used as a bed, but could be admired at a furniture exhibition.

1. How often are the Olympic Games *held*?

   to hold – held – held

2. Where are the next Olympic Games *going to* be held?

   Es ist bereits fest vereinbart: *going to.*

3. How many modern Olympic Games have been held so far?

1. Is it true that Tom's mother has left her husband?
2. Yes, it is.
3. They*'re getting* divorced.

   noch im Verlauf
4. Now most of the housework is done by Tom.
5. Do his friends know about this?
6. Yes, they do.
7. He *is often laughed at* because they think [that] housework shouldn't be done by men.

   often ist Signalwort für *simple present*
8. I have been told some / a few strange stories about Paul's family.
9. Two of his brothers *were sent to prison last year*.

   last year ist Signalwort für *simple past*
10. The police found several car radios which / that had not been paid for.
11. Well, that happens when children are not *taught* what is right or wrong.

    (to) teach –taught – taught
12. You are right, of course.
13. But Paul's father was killed in a car accident when the children were *little.*

    „klein" im Sinn von „jung" = *little*
14. His mother had to cope all by herself.
15. At the moment, she is being supported by the social services, but for how long?

16 Revision: Adjective and adverb

1. My mother is a careful driver.
2. Although she *is often* tired, she doesn't drive fast, but very carefully.

   Adverb der Häufigkeit steht **nach** dem Vollverb *(to) be.*
3. Even if she has a bad day, she *doesn't lose her patience easily.*

   oder: *she doesn't easily lose her patience*
4. She really is a very friendly, *sensible* person and she always talks to other people *in a friendly way.*

   oder: *reasonable;* Adverb zu *friendly* ist *in a friendly way*
5. But yesterday she nearly had a bad accident.
6. It *was raining* heavily and the *roads* were wet.

   Verlauf, Hintergrund steht im *past progressive;* Straße im Sinne von Fahrbahn = *road*
7. Suddenly my mother saw a dog *in the street* / on the road.

   auf der Straße = ***in** the street*
8. Fortunately / Luckily nobody was behind her.
9. She braked *hard* and nervously tried to get out of the way.

   hard kann Adjektiv oder Adverb sein; Vorsicht: *hardly* = kaum
10. And she *was lucky*.

    Glück **haben** = *(to)* ***be** lucky,* glücklich sein = *(to) be happy*
11. The good old car stayed on the road.
12. *What a* stupid / silly dog!

    Was für ein/e ... = *What a ...*
13. It / That could have ended badly!

1. Many people think that *German* food is good, that *Italian* food is better and that the *French* have the best food.

   Ableitungen von Ländernamen werden immer großgeschrieben!

2. And where is the worst food served?
3. Some people think in England.
4. Is that really true?
5. American cars are *bigger* and more comfortable than German *ones*, but they also use more petrol.

   big – bigger – biggest; Statt das Nomen *cars* zu wiederholen, verwenden wir hier das Stützwort *one.*

6. In Germany, you are allowed to drive faster than in the USA.
7. *Most* German cars use less petrol than the American ones.

   die meisten = *most*

8. Can you imagine that Montana is as big as Germany?
9. *Which* is the most interesting town in the USA?

   eine aus einer bestimmten Anzahl: *which*

10. In Dallas, it is *hotter* than in Washington D.C.

    hot – hotter – hottest

11. But the hottest place in the USA is Death Valley.
12. In the South people *usually* talk more quickly / faster / quicker and louder / more loudly than in the North.

    Häufigkeitsadverb steht vor dem Vollverb.

13. Is it true that people greet each other most politely in India?
14. In a hospital people have to work more *tidily* and more carefully than in a disco.

    tidy → tidily

15. In the last match the German team played badly, but in this match they *are playing* well.
    Das Spiel läuft noch.
16. Unfortunately, they don't win as easily as other teams.

17 Revision: tenses

1. What is our cat doing, Linda?
2. *She* isn't playing with my *newspaper*, is she?
   Katze hat bestimmt einen Namen → *she;* oder: *paper*
3. No, she isn't.
4. She *never* plays with the newspaper.
   Häufigkeitsadverb steht **vor** dem Vollverb.
5. She *reads* it.
   regelmäßige Handlung: *simple present*
6. You're kidding.
7. She reads the newspaper?
8. Yes, she does.
9. Every morning she looks for the advertisement section and studies it carefully.
10. Why does she do that?
11. She wants to be informed about the best *offers / deals*.
    im Englischen Plural
12. She doesn't eat *just any* food, does she?
    just any wird hier betont und bedeutet „(nicht) irgendein"
13. No, she doesn't.
14. She's an *intelligent* animal, isn't she?
    Vor Vokal wird *a* zu *an.*

1. It was a cold winter night.
2. A strong wind *was blowing* and it *was snowing* heavily.
   Hintergrundhandlung im *past progressive*
3. Mr and Mrs Miller were sitting *by the fire* (and were) reading books.
   am Feuer = ***by** the fire*
4. Suddenly somebody knocked on the door.

5. While Mr Miller *was going / was walking* to the door the knocking *was getting / was growing* louder.
   auch *simple past* möglich, weil sehr kurze Handlung: *the knocking got louder*
6. Shortly before he reached the door, the knocking stopped abruptly / abruptly stopped.
7. Mr Miller *slowly* opened the door.
   oder: … *opened the door slowly.*
8. Outside a man was lying in the snow.
9. What *was he doing* out there?
   im Verlauf gesehen
10. And why didn't he move?
11. Mr Miller tried to carry the man into the house, but he was too heavy.
12. "Martha", he cried.
13. "Help me, please!"
14. Why didn't his wife come?
15. He turned *round*.
   „nach ihr" wird nicht übersetzt
16. And then he saw her pale face and her hand, which was pointing towards the door.
17. Suddenly he felt a sharp pain in / on his head and fell to the ground.

1. Terry left university in 1985.
2. He worked in Berlin from 1985 till 1997.
3. Since then, he *has worked* for several firms.
   Hier wird ein Ergebnis ausgedrückt.
4. For four years, *he has been working* at our enterprise.
   present perfect progressive mit Zeitraum und *for*
5. My father met him when *he was taking part in* a project with our firm.
   Handlung in der Vergangenheit im Verlauf

6. *After he had seen* his designs, *he wanted him to work* for us.	Vorzeitigkeit → *past perfect;* im Englischen Infinitivkonstruktion mit Objektpronomen. Kein Satz mit *that* möglich!
7. But Terry wanted to stay at his old firm.	
8. For two years, my father tried again and again to persuade him to join our enterprise.	
9. And then, one day, Terry decided to accept the new challenge [which / that] *he had been refusing* since the meeting with my father.	*past perfect progressive* mit Zeitpunkt und *since*

1. I need a new bike.	
2. My *old one* is too small.	Adjektiv braucht das Stützwort *one.*
3. When are you going to buy a new one?	
4. I don't know yet.	
5. I'm afraid my father won't be here next week.	
6. *I'll come* with you.	spontaner Entschluss
7. I'm sure we'll find a really good bike for you.	
8. And who is going to pay?	
9. You perhaps?	

1. Hallo, Peter,	
2. My name is Tom and I *live* in Swansea, a town in Wales.	Zustand in der Gegenwart
3. *I've been living* here for 14 years.	*present progressive,* wenn er sein ganzes Leben dort verbracht hat
4. My hobbies are music and reading.	
5. I play *the* guitar.	mit bestimmtem Artikel
6. *I've been playing* since I was eight.	Zeitpunkt mit *since* und *present progressive*

7. Every Wednesday we *meet* at the music club and practise for school concerts.	Gewohnheit
8. In the evenings I *usually* read.	Häufigkeitsadverb **vor** Vollverb
9. At the moment, *I'm reading* a very interesting book.	Handlung im Verlauf
10. It's a detective story about Hamburg.	
11. One day I'm sure *I shall / will have* the chance to visit Germany.	Hoffnung mit *will-future*
12. When I leave school, *I'm going to study* music and literature.	feste Absicht, Vorhaben mit *going to-future*
13. Perhaps *I'll be / become a teacher.*	Vermutung mit *will-future;* Berufsbezeichnungen immer mit unbestimmtem Artikel
14. Or a musician.	
15. Write soon!	
16. Love, Tom.	

Vokabelverzeichnis Deutsch – Englisch

In diesem Vokabelverzeichnis findest du größtenteils Wörter, die in den Lehrbüchern der 8. Klasse eingeführt werden und die du kennen und können solltest. Mehrteilige Ausdrücke wie z. B. *auf den Arm nehmen* findest du unter den Anfangsbuchstaben des ersten Wortes.
Solltest du andere Wörter nicht (mehr) wissen, kannst du deine alten Lehrbücher oder ein Schülerwörterbuch zu Rate ziehen.
BE = *British English*
AE = *American English*

A

arbeitslos	out of work / unemployed
abhängen von	to depend on
ablehnen (= zurückweisen)	to reject; *hier:* to dislike
ablehnen (= sich weigern)	to refuse
abschreiben	to copy
am allermeisten	most of all
Angebot	offer(s) / deal(s)
angespannt	tense
anpflanzen	to grow (grew, grown)
Anzeigenteil	advertisement section
Archäologe / Archäologin	archaeologist
Armut	poverty
auf den Arm nehmen	to pull sb.'s leg
auf der anderen Seite	on the other hand
auf die Nerven gehen	to get on s.o.'s nerves
auslachen	to laugh at
ausleihen	to borrow
ausrotten	to wipe out
ausspannen	to relax
ausverkauft	sold out
auswandern	to emigrate
ausweichen	to get out of the way

Badezimmer	bathroom	B
Bankdirektor	bank manager	
beabsichtigen	to intend	
bedecken	to cover	
beeindrucken	to impress	
begeistert	delighted / enthusiastic	
beibringen	to teach (taught, taught)	
beipflichten	to agree with	
beitreten	to join	
bekannt	well-known	
beneiden	to envy	
Benzin	petrol / gas	
beraten	to advise	
Bericht	report	
Beruf	job / profession	
berühmt für	famous for	
bestrafen	to punish	
beunruhigen	to worry	
bewundern	to admire	
Bibel	Bible	
blass werden	to turn pale	
bremsen	to brake	
Brust	*hier:* chest	
Bühneneingang	stage entrance	
Computerfachmann	computer expert	C
dauerhaft	permanent	D
der Meinung sein	to be of the opinion	
deuten	to point to	
drucken	to print	
düster	gloomy	
durcheinander bringen	to get sth. mixed up	

E

einen Beitrag leisten	to make a contribution
einfach (schlicht)	plain / simple
Eisdiele / Eiscafé	ice cream parlour (BE) / parlor (AE)
eiskalt (Temperatur)	freezing cold
Elektronik	electronics
Elektronikzentrum	electronics centre
entdecken	to discover
Entwurf	design
erfahren	*hier:* to hear
ermuntern	to encourage
ertragen	to stand / bear / put up with
Erwachsene/r	adult / grown-up
es hat keinen Zweck	it`s no use / no good *(mit Gerund)*
etwas dagegen haben	to mind *(mit Gerund)*

F

Fachmann	expert
fanatisch	fanatical
Faulheit	laziness
Fingernagel	fingernail
fließend (Wasser)	running (water)
Führerschein	driving licence (BE) / driver's license (AE)
Fußballkleidung	football kit
füttern	to feed (fed, fed)

G

Gastgeberfamilie	host family
Geduld	patience
Geige	violin
gelingen	to succeed in *(mit Gerund)*
gießen	to water
glücklicherweise	fortunately
Grausen (mit Grausen)	(in) horror

H

halbtags	part-time
handschriftlich	by hand
Handschuhe	gloves
Harfe	harp
Haufen	pile
Hausarbeit	housework
Herausforderung	challenge
herzlos	heartless
heutige(r)	today's
Historiker / Historikerin	historian
Höchstgeschwindigkeit	maximum speed

J

jemanden dazu bringen, etwas zu tun	to make s.o. do sth.
jemanden erinnern an	to remind s.o. of sth.
Jude	Jew
Juwelier	jeweller

K

kaputt	worn out
Karriere	career
Katholik/in / katholisch	Catholic
Keller	cellar
klein (jung)	little
Koffer	suitcase
Kofferpacken	packing
Kohlebergwerk	coal-mine
Krankenschwester	nurse
Kredit	loan
Krimi	detective story
kritisieren (wegen)	to criticise (for)
künstlich	artificial

Kürbisauflauf	pumpkin pie
Kuscheltier	cuddly / soft toy

L

Lärm	noise
lästig	annoying
leiden (unter)	to suffer (from)
lösen (Problem)	to solve
Lösung	solution
lügen	to lie

M

Menschenschlange	queue / line
merken / erkennen	to realize
mitnehmen (im Auto)	to give s.o. a lift
mittelalterlich	medieval
Möbelausstellung	furniture exhibition
Monarch/in	monarch
Musiker/in	musician
Musikinstrument	musical instrument
Musikpreis	music prize

N

Nase voll haben von	to be fed up with
neidisch	jealous
nicht leiden können	to dislike
Note (Zensur)	mark / grade

O

Obdachloser	homeless person
Öffentlichkeit	public
Ohrring	earring
ordentlich	properly
örtlich	local

P

Partei	party
Personalchef	staff manager
Pfote	paw
Pilger	the Pilgrims
Pilot/in	pilot
Politik	politics
Politiker/in	politician
politisch	political
Projekt	project
Putzfrau	cleaner

R

Recht haben	to be right
Regierungszeit (von Monarchen)	reign
religiös	religious
Rundfahrt mit Fremdenführer	guided tour / sightseeing tour
Russe / Russisch	Russian

S

Sanitäter	first-aid attendant
scheußlich	awful
schief laufen	to go wrong (went, gone)
Schmuck	jewellery
schockiert sein	to be shocked
Schulranzen	school bag
Schulter	shoulder
Seeweg	sea route
Sehenswürdigkeiten	sights
seltsam	strange
Seuche	epidemics
sich ärgern über	to be angry with
sich auf etwas freuen	to look forward to *(mit Gerund)*
sich begeistern für	to be enthusiastic for
sich beklagen	to complain

sich bewerben (um)	to apply for
sich drehen	to turn around / to spin around
sich entschuldigen	to apologize (to s.o.) for sth.
sich lohnen	to be worth *(mit Gerund)*
sich scheiden lassen	to get divorced
Siedler	settler / colonist
Siedlung	settlement
sorgen dafür, dass	to arrange for
Sozialdienst	social service
sparen	to save
Spaß machen	to be fun
Spezialität	speciality (BE) / specialty (AE)
Spielsachen	toys
Stadtviertel	district
Stamm (Indianer)	tribe
stechend	sharp
stimmen (Instrument)	to tune
stören	to disturb
streiten	to argue
Stundenkilometer	kilometres per hour = k.p.h.
super	fantastic, really good

T

Teilzeit	part-time
träumen	to dream (dreamt, dreamt)
Treppe	stairs

U

überleben	to survive
überzeugen / überreden	*hier:* to persuade
umarmen	to hug
Umwelt	environment
ungeduldig	impatient
unglaublich	incredible

unhöflich	rude
Unterhausabgeordnete/r	Member of Parliament (= MP)
Unternehmen	enterprise
unterschiedlicher Meinung sein	to disagree
unterstützen	to support

Verabredung haben	to have a date
Verbrecher	criminal
verdienen (Geld)	to earn money
verfolgen (aus politischen oder religiösen Gründen)	to persecute
Verhalten	behaviour
verlaufen (anders)	to go (differently), to take a (different) course
verleihen	to lend (lent, lent)
verletzt	injured
vernünftig	sensible / down-to-earth
verpassen	to miss
Verringerung	reduction / reducing
verrückt machen	to drive s.o. mad / crazy
Verschmutzung	pollution
Verwandte/r	relative
vor kurzem	recently
Vorfahre	ancestor

W

Waliser	Welshman
Walisisch	Welsh
Wecker	alarm clock
weitermachen	to carry on
Wie steht es mit …?	What about …?
Wikinger	Viking
Witze machen (im Sinne von „nicht ernsthaft sein“)	to be kidding

Z

zufrieden mit	satisfied / happy with
zurechtkommen	to cope with
Zusatzaufgabe	extra work
Zweck	use
Zweigstelle	branch